高収益企業の“池クジラ”戦略

“強くて愛される”21社の成功に学ぶ

強くて愛される会社研究所代表理事
西浦道明 著
Michiaki Nishiura

ビジネス社

はじめに

　われわれを取り巻く環境は、明らかに、従来とは異なった次元に入っています。単に、人口減少社会に入ったというだけではありません。今、われわれを襲ってきているコロナ禍というパンデミックも、とてもこれで終結を迎え、われわれの生活やビジネスが以前の状態に戻るとは思えません。また、もはや避けて通れない第四次産業革命が、いよいよ、われわれの知的活動にさらに大きな変革をもたらします。これらの環境変化によって、仕事の仕方を抜本的に変えなければ、時代についていけなくなる瞬間が、もうすぐそこにきています。

　この、われわれが直面しているハードルを「縮小経済」と呼ぶなら、この縮小経済は、かなり高いハードルになることでしょう。したがって、当然、先取りしている企業と、まったくついて行けない企業に分かれます。つまり、この混迷の縮小経済を、乗り越える企業と乗り越えることができない企業とに、明暗がくっきり分かれざるを得ないのです。結果として、経済は当面縮小するでしょうが、乗り越えた企業は、そこから大きく成長するに違いありません。

　今、ビジネスパーソンに求められているのは、この難局にいかに立ち向かい、いかに乗り越えるのか。そして、その後の成長につなげていくのか、ということではないでしょうか。そして、考え抜いた自社独自の打ち手を、確実に実行に移すことだと思います。

本書では、「池クジラ」という考え方を紹介しています。池クジラを完成させることができれば、「社員の働きがい」と「企業の業績」を長期にわたって両立させることができます。中堅中小企業にとっては、この道を選択することが、この縮小経済を笑って生き抜くための、最善の策だと考えます。

そして、池クジラという言葉の意味するところは、大企業と棲み分け、特定市場（池）で獲得する、圧倒的なナンバーワンやオンリーワンのポジション（クジラ）のことです。また、「池クジラ」戦略とは、その池で圧倒的なポジションを築き上げた結果、同業他社と価格競争する必要がなくなる経営戦略のことです。

また池クジラ戦略は、単に池クジラのビジネスモデルができあがっているというだけでは完成とは言えません。もっと突き詰める必要があります。つまり、「強い社員力」を実現できないと、池クジラは完成しないのです。また、強い社員力は、経営者が、人を大切にする「魂」を持っていることが前提となります。これは「理念経営」という形で実現します。

理念経営は、経営理念を中心に置いて価値観を共有する、社員が働きがいを強く感じる経営です。したがって「有事にも強い経営」のことです。池クジラ戦略と理念経営とは、池クジラを突き詰める上で、まさに車の両輪なのです。

理念経営では、一人ひとりの社員が、誰かの指図にしたがって動くのではなく、自分の頭で考えて判断して行動します。人が、自分の手足だけを労働力として企業に投入する時代は終わりました。人が持つ自らの知恵を、全人格を投入するからこそ、人が最大の資産なのです。

中堅中小企業であればなおさらです。ヒト・モノ・カネ・情報のすべてにおいて大企業にはかないません。ですから、ご縁があって自社に集結してくれた社員を、人財を、とことん活かす会社にしなければ、これからの厳しい時代を生き抜くことはできないでしょう。

社員一人ひとりには、「人生、一度きり」ということでどれだけ世の中に価値を生み出せるかを、自分で考えて判断して行動することに、嫌々ではなく楽しく前向きに挑戦してもらう必要があります。社員の力を、どれだけ集約できるかが鍵です。そうした、人間が本来持つ「考える力」を、ありったけ引き出すことが池クジラ戦略には求められています。

そのような志の高い会社を、本書では二一社紹介しています。

これからの時代に確実に成功できる経営を目指しておられる、経営者・幹部の皆さまの共鳴共感を得たいと考え、力を込めて書き記しました。

読者の皆さまと気持ちを通じ合うことができれば、著者として心から嬉しく思います。

二〇二一年三月

強くて愛される会社研究所代表理事　西浦道明

高収益企業の〝池クジラ〟戦略　もくじ

第二章　強くて愛される会社へ――〝池クジラ〟戦略で、なぜ「人を大切にする経営」をも実現できるのか

第三章　どうすれば、〝池クジラ〟戦略で、業績アップを実現できるか（ノウハウ、仕組みづくり）

第四章 愛される会社の「社員力の強さ（働きがい）」を磨き上げる方法

第五章　戦略は強いリーダーシップによって成功できる

第一章

縮小経済でも伸びる「強くて愛される会社」代表事例

——五社の経営

本章では、代表的な池クジラ企業を五社、紹介します。

ここでは、自社とは違う業種業態だから関係ないというような読み方はしてほしくはありません。自社と同業だから、その「やり方」を学べば役に立つというような読み方ではなく、それぞれの会社、経営者の「あり方」から、何かを感じ取って、何かに気づいていただきたいのです。

同業他社の何かを真似したり、参考にしているだけでは、その会社を超えることができません。異業種、異業態の中にこそ、自社にとっての宝物とも言うべき経営のノウハウが隠されています。異業種の「あり方」を学ぶことでしか、オンリーワンやナンバーワンにはなれないのです。

これらの五社は、製造業なのか、建設業なのか、販売業なのか、サービス業なのか、従来の見方によると、複数に該当する企業ばかりです。ものづくりも、販売も、サービスも、すべて展開しています。いちばん大切なことは、社会に必要とされる価値を創造しているという点です。ミッションは何か、顧客は誰か、提供価値は何かをしっかり考えています。そして、必要とされる自社独自のコア能力を磨いています。

本章では、ぜひそういった、「あり方」を読み取っていただきたいと思います。

ちなみに「池クジラ」あるいは「池クジラ企業」とは、特定の分野におけるオンリーワン（唯一の存在）、あるいはナンバーワンで、競争相手がいない企業のことです。また、「池クジラ戦略」とは、池クジラ企業として、その池で圧倒的なポジションを築き上げた結果、同業他社と価格競争する必要がなくなる経営戦略のことです。

それでは早速、池クジラ企業五社の中身を見ていきましょう。

1. 東海バネ工業株式会社

後発のばねメーカーに入社

大阪府大阪市に金属ばね設計・製造・販売を行う、東海バネ工業株式会社という会社があります。一九三四年三月、大阪で金属ばねの製造を開始し、一九四四年三月に設立しています。ちなみに、同社の社名の由来ですが、創業者の南谷三男氏の出身地が岐阜県ということもあり、自分が生まれ育った東海地方にちなんで名づけたとのことです。

創業以来八〇年以上に渡り、ばね一筋、最適の設計・最適の品質の単品生産で、顧客の要望に完全受注で対応し続けてきました。その結果、従業員数八六名の規模でありながら、同社のばね製品は、明石海峡大橋の土台部分を支えるばねや、高さ六三四メーターを誇り、常に風速一〇メーター以上の風が吹き付ける、東京スカイツリーの揺れを抑制するための制振用ばね等に採用されている、まさにオンリーワン製品ばかりなのです。

では、東海バネ工業が所属するバネ業界について見ていきましょう。国内には三〇〇〇社のばねメーカーが存在していて、その市場規模は三五〇〇億円となっています。そのうちの八五%は自動車、家電、弱電、情報通信業界向けの大量生産です。そして残り一五%が、熟練作業者に依存する多品種少量生産の小規模ばねメーカーという構図になっています。

当然、八五%を占める大量生産の市場は激しい価格競争下にあり、今でもばね一個何銭という通貨単位での取引がされているのです。さらに、大量発注をしてもらっているという弱みもあって、コスト削減の名のもとに際限ないコストダウン要求が行われ、多くのばねメーカーが疲弊しているのが実情です。

東海バネ工業は、後発メーカーだったこともあり、創業時は、数量が多くまとまった案件がなかなか来ない、まともにやりあっても注文が取れない会社でした。そんな会社が変わるきっかけとなったのが、現顧問の渡辺良機氏の入社でした。

渡辺氏は、大学卒業後、別の会社に就職していました。創業者の南谷氏は、三人の子供がいずれも女性で、事業承継をさせることが難しいと判断したため、遠縁にあたる渡辺氏に後継の声をかけたのです。最初はその話を断った渡辺氏でしたが、四年間に渡り熱心に口説かれ続けたことから、一九七一年に入社を決意しました。一九八四年に社長に就任しています。

やらないと決めた四つのこと

では、なぜ、ばね業界では後発メーカーだったにもかかわらず、競争の激しい業界内で確固たる地位を築けたのでしょうか。それは渡辺氏が、明確にやらないことを決め、やるべきことに全力を注ぎ続けてきたからです。すなわち、

「先発メーカーがやらない、やろうとしない〝特定市場〟にターゲットを当て、単品で、手間がかかり、高精度が要求される特殊ばねをメインとする」

ということを突き詰めたのでした。そして、

「こんなばねを作ってほしいという、顧客の声にとことん対応する」

ということだったのです。

より具体的に言えば、やらないと決めたのは、①価格競争をしない、②微量より多い注文を受けない、③納期を守れない注文は受けない、④工作機械に依存しない、という四つのことでした。

渡辺氏が入社した際、先代社長から「創業以来一回も赤字決算を出したことがない」と言わ

れました。確かに、損して売ることはなく、会社が赤字になったこともありませんでした。しかし、顧客に見積りが高いと言われたら、損はしないけれども儲からない値段まで下げて注文を取らざるをえないような、「値決めの主導権」を持てない、すなわち、自分の商品・サービスの価格を自分で決めることができない、会社でした。

この立ち位置から永久に脱却できないと思われていましたが、値決めの主導権を持ち、「価格競争はしない」との結論にたどり着く大きな転機が訪れたのです。それは、渡辺氏がばね工業会の欧州視察に参加した際の、ドイツの某ばねメーカーへの訪問でした。

その訪問で、渡辺氏が「価格はどのように設定していますか」と質問すると、先方は、「原価などに利益をのせて設定している」と答えました。そこで、「値引きを要求されませんか」と質問すると、先方は、「値引きして売っていてはばね屋として成り立たない。価格が折り合わなければ断るだけだ」と答えたのです。

その言葉を聞き、渡辺氏は、「単品特化のばね屋が値引きしたら消滅する運命しかない」「誰もやらない、やろうとしない仕事は正当に評価されるべきだ」ということに気づいたのです。

東海バネ工業は、ばね市場の八五%を占める自動車、家電、弱電、情報通信業界向けの製品づくりには参入していません。残りの一五%の多品種微量の、難易度の高いばねをつくることとしています。さらにその中でも、エネルギー分野、社会インフラ分野などに特化し、その分野を「競争しない領域」と呼んでいます。

この競争しない領域に出て、価格競争をしないために、「微量より多い注文を受けない。納期を守れない注文は受けない。工作機械に依存しない」という、残りの三つのやらないことを決めたのです。

東海バネ工業は「単品バネでお困りの方のお役に立つ」というミッションを掲げています。業界では、ばねというのは、大量に受注して数で勝負するのが利益を出す唯一のやり方と考えられていました。しかし、東海バネ工業はその常識を覆し、平均受注ロット五個という、多品種超微量・完全受注生産体制を整えています。顧客は企業・個人を問いません。注文があれば、たとえ一個からの製作であっても対応しているのです。

単品ばねで困っている顧客は、「ばね一個ほしい。急ぎでほしい。ほかでは作ってくれない、助けてほしい」と依頼してきます。価格が高いからと言って文句を言うどころか、逆に救われたと感謝さえしてくれるのです。顧客に、そういった提供価値があるからこそ、価格競争から抜け出し、値引きしないばね屋となれたのです。

渡辺氏が描いた池クジラ戦略

こうした、あり得ない提供価値を創造するため、同社は、「在庫」・「職人」・「納期」という三つのことに徹底してこだわっています。

まず、在庫ですが、同社では、種類豊富なばね用材料が、常時約二〇〇〇種類、五〇〇トン、社内に保有されています。それは、同社の受注件数が年間二万五〇〇〇〜三万件あり、しかもその大部分が完全受注生産で、かつ、いつ注文が入るかわからないからです。注文は不定期で、三年ぶり、五年ぶりが日常です。長いものでは三〇年ぶりの注文という例もあります。そうした不定期な注文にしっかり対応するため、十分な在庫を確保しているのです。たっぷり準備された在庫があるから注文に対応でき、提供価値につながっているのです。

次は職人についてです。多品種微量は手作りが中心です。数が少ないので機械だけでは完結しません。そもそも機械だけで製造可能なばねの注文は、同社には滅多に入ってきません。注文の中には、当然これまでつくったことのないばねもあります。一個だけという注文もあります。

手作りを実現させるため取り入れているのが、職人の育成とＩＴ技術の活用です。同社には、設計図面に従った適正な許容応力を持つ高品質なばねを製作する資格を認定する国家資格、「金属ばね製造技能士」の資格保持者が数多くいます。そうした職人が、手作りでなければ作れない完全受注の高品質ばねを、日々生産し続けているのです。

この国家資格に加え、日本一難易度が高いと自負する社内資格制度を構築しています。この資格に必要な知識経験を、同社ではより高度で精密なばね製造の「根幹ノウハウ」としています。また、人財育成は、単に資格取得だけに留まることなく、二〇一〇年、兵庫県豊岡工場内に若手に対する技術継承の場、「啓匠館」を完成させました。ここでは、若手技術者への技術の伝承も行っています。

さらに、人による育成だけではなく、職人技の機械化にも取り組んでいます。職人の高度な手作業の技術を機械に落とし込むことで、過去につくったばねを同じ品質で製造できることに挑戦しています。また、図面がなくてもばねが作れる設計支援システムの構築なども進めています。

そして納期については、納期厳守率九九・九五％を誇っています。なぜ、これほど高い納期順守が可能かと言えば、守れる納期でしか注文に応じていないからです。簡単に言いましたが、これはやりたいと思っても、誰にもすぐにできることではありません。熟練職人の技術解析を行い、その結果をシステム化し、同社独自のデータベースとして築き上げた、多くの人々の努力と知恵があってはじめて可能になっているのです。

東海バネ工業では、まず、リピーターの顧客から注文が入った場合、過去の発注履歴内の設計図面から、参考になる図面を瞬時に検索して、新たな設計図面を提案できるようになっています。さらに、必要な材料を管理する在庫管理とも連携し、見積管理システムを通し、いつ納品できるか、すばやく提案することもできるようになっています。

また顧客もその納期で納品されることがわかっているからこそ、再注文をしてくるのです。事実、同社のリピーター率は八七％と非常に高く、東海バネ工業がいかに顧客から信頼されているかがよくわかります。

一方、新規の注文の場合には、システムにより算出された納期を示して、それに納得してくれる顧客とは取引を行い、それに納得していただけない注文には、「どうぞ、他社にお願いしてください」と、きっぱり断っているのです。

逆転の発想で非効率が強みに

「いいものを安く、より早く」という経営思考が、われわれ日本人には根づいています。ただし、この考え方は、昭和の、高度成長時代の、少品種大量生産時代の遺物であるように思います。グローバルスタンダードの経営思考では、「いいものは適正価格で」なのです。経営者がそのように考えなければ、頑張ってくれた社員に、物心ともに報いることはできません。

「商品・サービスの量を表す売り上げではなく、社員が苦労して生み出してくれた、商品・サービスの質とも言うべき『価値』を、顧客から正当に評価していただく」というビジネスの考え方に、どうしても切り替える必要があるのです。

渡辺氏は、この考え方について次のように言います。

「移動の時に切符を買うのと一緒です。例えば、八時に出発する電車の切符を買おうとして、『満席です』と言われたら、『次の時間の切符をください』となる。つまり、引き受け可能な納期を即座に伝えることで、顧客の譲歩を引き出せるのです」

「そして約束した日に要望通りの品物が完璧に仕上がって届けられる。これこそが、本当の顧客満足だと思います。何も顧客の言う通りに値引きすることだけが顧客満足ではありません。支払った代金にふさわしい品物を約束した日に届けて喜んでもらい、われわれも適正な対価をいただくことが本当の顧客満足、Ｗｉｎ‐Ｗｉｎの関係だと思います」

このような、手間ひまがかかり、非効率すぎて、同業他社がやろうとは思わないことを、徹底的に突き詰めてきたことで、同社は、結果として、競争を避けるビジネスモデルを確立できたのです。

すごい仕組みやシステムも動かすのは〝人〟

これだけの仕組み・システムが構築されている東海バネ工業にあって、渡辺氏は、最も大切な経営資源は「人」だと言い切ります。この考えは、創業者から渡辺氏、そして現社長に引き継がれている哲学・理念になっています。

機械や設備やITシステムも重要ですが、単品のばね製造は特に属人性が高いビジネスモデルです。東海バネ工業では、社員みんなで価値観を共有して力を合わせて組織能力につなげていくことが大切にされています。そのために、人財育成の道場をつくって理念教育を行ったり、個人の成長のみを見守る絶対評価制度を取り入れるなど、様々な人材育成の仕組みが工夫されています。渡辺氏は、「社員の満足度がいちばん。社員にホンモノの仕事をしてもらうように考えることがトップの役割」と口にします。

さらに、福利厚生制度を見ても、結婚祝金制度一〇〇万円や出産祝金（一人目一〇万円、二人目二〇万円、三人目五〇万円、四人目一〇〇万円）は、常識を逸脱しています。また、金属ばね製造技能士（国家資格）金賞を獲得すると海外研修をプレゼントされ、プラチナ賞を獲得すると国内でも数少ないトップレベル職人の証として手型が飾られるなど、社員を大切にする思いを強く感じることができます。

渡辺氏は、社員に向かって、

「会社のために働かないで欲しい。自分・家族のために働いて欲しい。社員の幸せのために会社は存在する」

と言います。さらには、

「社員を会社にしばりつけるつもりはない。社会貢献のために会社で働いてもらいたい。会社でしっかり自分自身を成長させ、次の社会貢献できる場を見つけたら辞めてもいい。社員の誰もが社会から求められる、かけがえのない人財となってほしい」

そういう方針で社員に接していると話しています。

会社・トップの思いが伝わり、自分たちが本当に大切にされていると感じて社員は自律化しています。このことは、同社の大きな強みです。

2. 徳武産業株式会社

高齢者用ケアシューズの開発前夜

香川県さぬき市にケアシューズ（高齢者シューズ）の製造・販売を行う、徳武産業株式会社という会社があります。一九五七年に、徳武重利・静子夫妻が綿手袋縫製工場を創業したのが始まりです。その後、スリッパ等の縫製を経て、介護施設で生活する高齢の方に向けてケアシューズの開発に取り組み、歩きやすさ、履きやすさだけでなく、履いていて楽しくなる見た目にもこだわった「あゆみシューズ」を、一九九五年に開発しました。

以来、足・歩行に悩みを抱える多くの高齢者からの高い支持を得て、二〇一九年七月には累計販売数が一五〇〇万足を達成するなど、高齢者用ケアシューズ業界でトップのシェアとなっています。

では、高齢者用ケアシューズ業界について見ていきましょう。徳武産業が、一九九五年、高齢者用ケアシューズ「あゆみ」を発売するまでは、そもそもこの業界は存在していませんでした。

もともと、リハビリ用のシューズはすでに売られていましたが、その用途は介護用ではなかったのです。値段は高く、一万円近かったため、リハビリシューズをもっと安くして欲しいというニーズはありました。しかし、当時は、介護を必要とする高齢者のニーズを満たす商品・サービスは決定的に不足していました。否、正確に言えば存在していなかったのです。

現在では、参入メーカーが相次いだこともあり、介護保険給付の対象外で購入者は全額自己負担になったにもかかわらず、徐々に認知度が高まり市場は活性化しています。とはいえ、靴業界全体の市場規模が約一兆四〇〇〇億円の中で、介護靴の市場は七〇億円弱、三〇〇万足と、市場としては決して大きいとは言えません。

徳武産業は、綿手袋縫製からスタートしています。しかし、手袋は季節もので、繁閑の差が激しく、経営が安定しなかったこともあり、すぐに、スリッパ製造へと転換しました。さらには、下請けではあったものの、学童用シューズに関して、大手メーカーの縫製を担うことになりました。

創業者の先代は、香川県に一〇社程度あった手袋やスリッパをつくっている仲間を集め、同社だけでも一カ月一〇万足、地域全体では六〇～七〇万足の学童用シューズの縫製を担うまでの一大縫製団地を創り上げたのです。

そんな中、大手通販会社から、ルームシューズのOEMの仕事が持ち込まれました。実力をつけてきた同社は、言われた通りにつくるのではなく、メーカーとして提案できるまでになっていました。旅行用スリッパ、十河孝男現会長の奥様の発案による旅行用ポーチ、そして新たなルームシューズという三本柱で、経営もそれなりに順調に滑り出していたのです。

ところが、そこに思わぬつまずきが訪れます。通販会社の購買担当者が替わり、十河氏の提案を受け入れなくなったのです。

「そんなことをしたら、お客様がこっちを向いてくれなくなる…」

という悲痛な叫びを無視して、通販会社は、徳武産業がまったく納得のいかないカタログを発行してしまったのです。

心配した通り、売り上げは大きく下がってしまいました。零細企業であったため、やむを得ず、社員の昇給をストップさせ、賞与は、雀の涙ほどしか払えないという事態に陥りました。そして、将来有望な若手社員が辞めていくという悪循環が続いたのです。

大企業の購買担当者には、権力を傘に、無責任な、自分勝手な方針を強引に出す、サラリーマンの悪い面が出てしまう人たちがいます。徳武産業も、そうしたデメリットをこうむり、下請けの悲哀の渦中に突き落とされてしまいました。このことをきっかけに、十河氏は、いつかは自立型経営へという思いを強くします。

十河氏が描いた池クジラ戦略

では、なぜそんな下請企業だった徳武産業が、高齢者用ケアシューズ業界を創りあげ、トップシェアを誇るまでになれたのでしょうか。

それは、十河氏が明確にやらないことを決め、やるべきことに全力を注ぎ続けてきたからです。やらないと決めたことは、①下請けをしない、②どんな難しい要望にもノーと言わない、③特許を取らない、という三つでした。

一つ目の、下請けをしない、ということのために取り組んだことは、高齢者用ケアシューズという、今まで世の中になかった自社商品を開発したことでした。当然、価格競争もなかったのです。

そもそも、なぜ高齢者用ケアシューズをつくるに至ったのかというと、老人介護施設を運営していた友人からの高齢者の施設内での転倒に関する相談がきっかけになっています。

その友人は、

「それぞれの施設の床の環境を変えてみたが、お年寄りがとにかく転倒をする」「今後、重大な事故にもなりかねんし、何より、本人にも家族にも申し訳ない」「じっくり観察をしてみたが、床の問題ではなく履物の問題ではないかと思う」「高松中心に履物専門店を探したが、施設に入居しているお年寄り用の靴はなかった」「お前のところで何とかならんか」

と言います。

自立型経営を目指していた矢先でもあり、十河氏は藁にもすがる思いで開発を決意します。とはいえ、これまでスリッパやルームシューズしかつくったことがありませんでした。まずは二年間に渡り、実に五〇〇人もの高齢者に対してモニタリング調査したり、友人の施設経営者にニーズ調査を依頼したのです。

その結果、転倒などの悩みを抱えている高齢者は、腫れた足のサイズに合わせて大きめの靴を買い、腫れていない片方の靴のつま先には詰め物をしたり、靴下を重ね履きして、無理に靴を履いていることで転倒している、ということがわかったのです。

さらに、多くの高齢者から、

「明るい色の靴が欲しい」「軽い靴が欲しい」「踵（かかと）がしっかりしている靴が欲しい」「多少、値段は高くても構わないので、左右サイズ違いの靴が欲しい」

と、いろいろなニーズがあがってきたのです。

このような多くの声を知ったことで、十河氏は、高齢者が抱える悩みを解決できる靴を「絶対に創り上げる」という思いを一層強くさせ、困難な挑戦を開始していったのです。

徳武産業がやったことは、左右サイズ違いの靴を普通の靴と同一価格で販売したり、片足だけを半額近い値段で販売するという、靴業界からすればまったくの非常識であり、誰も考えもしない、やろうともしないものでした。

事実、このことを相談した親しい靴の技術者からは、

「バカじゃないか。何を考えているんだ。私は三〇年間靴をつくっている。神戸に五〇〇〇社、全国でも二万社の靴屋があるが、そんなこと、どこもやろうとは考えていないし、実際にやっていない。そんなことやったら、会社がつぶれるぞ」

と言われました。さらには、

「そんなことをするなら、私は君と付き合えない」「安くつくって値段を抑えるには、靴に限らず量産化するしかない。ましてや、左右異なるサイズで個々の足にあった靴ということなら、オーダーメードでありコンフォートシューズ（足の健康を考慮しつくられた靴）になってしまう」

と呆れられたのです。

ノーと言わないのはお客様が両親に思えたため

やらないと決めたことの二つ目である、どんな難しい要望にもノーと言わない、については、その結実とも言うべき、パーツオーダーシステムを見ればよくわかります。

二〇〇一年に開発されたこのシステムは、顧客の不安・不満を一つひとつ解消していくために集められたあらゆる声をまとめ、多くの顧客に共通する靴幅などのニーズを定番化させようと考案する中で生まれました。

これにより、足・歩行に悩みを抱える高齢者の、それぞれの特殊事情に対して、セミオーダーメイドですが、ほぼ注文通りの靴をつくることができるようになったのです。これは、顧客ニーズを最大限追求していたからこそできた、まさに真骨頂のシステムでした。これにより、セミオーダーメイドではありますが、価格面で量産品近くまで引き下げることに成功したのです。

最後に、やらないと決めたことの三つ目である、特許を取らない、ということですが、同社が高齢者用ケアシューズという市場を創り上げたのですから、特許を取ることで市場を独占することもできたはずです。

しかし、十河氏は、「高齢者用ケアシューズの業界全体が発展すれば、多くのお困りの方を助けることに繋がる」と考え、多くの同業者の参入を容認することとし、特許を取得しなかったのです。今では、同業他社が次々と高齢者用ケアシューズに取り組み、あゆみシューズは業界のスタンダードとなっています。

十河氏が、「どんな難しい要望にもノーと言わない」「特許を取らない」という考えに至ったのは、母との早すぎた死別にあります。十河氏は、一九四七年に農家の長男としてこの世に生を受けます。

「実家は裕福ではなく、両親は、苦労して私や妹・弟たちを育ててくれました」「私は地元の商業高校を卒業後、すぐに地元の銀行に就職しました」

兄弟も多く、実家は裕福ではなかったため、大学進学をあきらめ、何より、早く両親を楽にさせてやりたいという優しさが、地元の銀行への就職を決断させたのです。

しかし、その思いもかなわず、母は、四六歳という若さでこの世を去ってしまいます。母は、子供たちを育てるため、朝早くから日が暮れるまで農作業をし、子供たちが寝静まった後は、手袋会社の内職作業で、夜なべしてミシンを踏む毎日でした。毎日、朝早くから夜中遅くまで、休むことなく働き続けました。その無理がたたり、脳内出血で倒れ、その日のうちに息を引き取ったのです。

十河氏は、母との死別について、

「その日は一晩中、泣き通しました」「もっと親孝行をしておくんだったという後悔の念が、今もなお頭をもたげます」「当時、親孝行できなかった分、今、お年寄りに尽くし、お年寄りに喜んでいただきたい思いでいっぱいなんです」「すべてのお客様に対して、自分の親に接するのと同じくらい真心を込めて接したいと素直に思えるのは、母との早い別れがあったからなのかもしれません」

と言っています。

この十河氏の思いは、社員たちにも脈々と受け継がれています。徳武産業には、社員の心と顧客の心をつなぐ、素晴らしい仕掛けがあります。この仕掛けのお陰で、社員と顧客は常に心と心を交流させ、それが社員の思いやり溢れる心を育てているのです。

まごころのハガキが社員を育てる

徳武産業では、商品発送時に、もう少しお年寄りから意見を聞こうと、アンケートはがきを入れています。それに加え、自社の靴を履いてくれる顧客に、何らかの形で恩返しをしたいと考え、すべての商品を発送する際に、社員の手書きのメッセージカード「まごころハガキ」を入れているのです。

決して上手ではなく、たどたどしい文字ですが、「私たちは、あなたに寄り添いながら、あなたが歩く応援をさせていただいています。頑張ってくださいね」といった思いを込めて、社員一人ひとりが丁寧にメッセージを書いています。

アンケートに答えてもらった顧客には、その誕生日に合わせてプレゼントすることにし、そこに社員が手書きしたメッセージを同封して送っています。すると、そのメッセージを受け取ったお年寄りが、

「自分も家族も忘れていた誕生日を『あゆみさん』（顧客が親しみを込めて呼ぶ徳武産業の呼び方）だけはちゃんと覚えていて、プレゼントをくれた」

と喜びの手紙をくれたり、またそのお返しにと、自宅で採れた果物などを贈り返してくれるのです。

この社員と顧客の交流により、はがきへの感謝やアンケートへの返信を含め、年間二万通を軽く超えるお礼状が届きます。この顧客とのやり取りが、社員のモチベーションを最大限まで高めてくれているのです。

自分たちは靴を定価で販売しているのに、顧客がここまで喜んでくれ、「ありがとう」の言葉を発してくれる。この取り組みから生まれる、社員一人ひとりの心に芽生える、顧客に対する偽りのない優しい思いを、徳武産業は、とても大切にしています。

徳武産業では、社員一人ひとりが思いを込めて仕事をしています。当然ですが、高齢者用ケアシューズ業界ではトップブランドです。したがってトップシェアを獲得しています。これは、単なるビジネスを超えた、「思い」と「使命感」によって創られ、築かれている市場です。

顧客が喜んで、涙を流し、手を合わせてくれる靴メーカーはほかにには存在しません。顧客一人ひとりの涙や感謝の積み上げが、徳武産業の「価値」であり「競争力」となっているのです。

3. メーカーズシャツ鎌倉株式会社

日本初のシャツ専門店

神奈川県鎌倉市にメンズ・レディスシャツの企画・製造・販売を行う、メーカーズシャツ鎌倉株式会社という会社があります。一九九三年、鶴岡八幡宮から少し離れた、鎌倉雪ノ下バス通りにあるコンビニエンス・ストアの二階で、小さなシャツ専門店を創業したのが始まりです。

以来、オーダーシャツであれば、一万円～二万円ほどする高級シャツと同等の品質レベルの既製シャツを、驚くほどの低価格で販売するなど、数々の業界の非常識に取り組みました。その結果、「鎌倉シャツ」と人気を博し、国内・海外を問わず極めて高い評価を受け、今や店舗と自社運営の通販サイトを通じ、世界八〇カ国以上で年間七〇万着以上を売り上げる企業となっています。

ビジネスシャツ業界についてまず見てみましょう。ビジネスシャツの価格帯は一着一〇〇〇円以下から数万円までと幅広いのですが、大きくは次の二つの層に二分されています。

一つは、郊外型店や都心のツープライス店を傘下に持つ紳士服専門店で購入する客層です。こちらが全体の六〜七割を占め、その購入価格はおおむね一〇〇〇〜三〇〇〇円台で、平均価格は一三〇〇円くらいです。

もう一方は、シャツ専門店や百貨店で、自分のサイズにピッタリと合うオーダーシャツを求める顧客層です。その購入価格はおおむね一万円〜二万円くらいと言われていますが、この高級シャツが全体に占める割合はわずか数％程度なのです。

メーカーズシャツ鎌倉は、この数％しかないユーザーに対して、オーダーシャツと同等の品質のシャツを、既製品で、しかも、従来のオーダー品の二分の一〜三分の一の価格で顧客に提供しています。

この結果、業界内に新たな需要を創り出し、そこに、従来は高級なオーダーシャツを買っていたユーザーを取り込んだのです。結果として、これほど上質のシャツがこれほど低価格で買えるならと、元オーダーシャツのユーザー層に留まらず、幅広くお洒落を求めるシャツのユーザー層に拡大しています。

貞末良雄会長は、一九六六年にVANヂャケットに入社以来、一九九三年に五三歳で同社を創業するまでの二八年間、アパレル企業四社に籍を置きました。結果的に、そのすべてが倒産しています。それだけ厳しい業界だということです。

もちろん、貞末氏はそれら四社の経営者ではなかったのですが、そうした経験を通じ、何をすれば会社がおかしくなり、潰れていくのかを知り尽くしています。そして、自分が会社をつくるときは、潰れる会社やおかしくなる会社には絶対にしたくないと、常にそう考えるようになっていたのです。

貞末氏が、五三歳という、創業するには遅めの年齢でスタートを切ったのは、VANヂャケット創業者の石津謙介氏の「欧米にはスペシャリティーのあるドレスシャツの専門店があるが、日本にはない」という言葉がきっかけでした。「日本人の服飾文化を欧米レベルまで引き上げる」「日本人で初の、洋服業界における世界ブランドを創り上げたい」という使命感を持ち、創りあげたメーカーズシャツ鎌倉を見て、石津氏は、「君が僕の夢を叶えてくれた」と言ったそうです。

貞末会長が描いた池クジラ戦略

では、なぜ同社が、他に類を見ないビジネスシャツを創りあげ、洋服業界における世界ブランドを築くまでになれたのでしょうか。

貞末氏は、アパレル業界を生き抜いてきた経験から、取扱品目をビジネスシャツに絞りました。VANジャケットをはじめとする四社のアパレル業界での経験から、極めて重要な教訓を得ていたのです。

ビジネスマンとしての冷徹な見方から、①シャツは必需品として一年中売れる、②シャツは年齢を問わず、流行も非常に少ない、③自分が買わないようなシャツは創らないことに徹すれば安全性は高い、④公平な取引に徹しておれば安全性は高い、⑤シャツは生活に潤いを与えることから人々のニーズは高い、ということがわかっていたのです。

さらに、貞末氏には、自分が作るシャツは単なるシャツではなく、①最上質といわれる八〇番手双糸《そうし》以上の生地を使用する、②縫製は国内の熟練職人による巻き伏せ本縫い、③ボタンはすべて天然高瀬貝を巻き上げたものを使用する、という強いこだわりがありました。

生地業者や工場関係者などからは、「シャツ専業で成功するはずがない」とか、「ボタンは留めるだけだから、プラスチックでいいじゃないか」といった批判的な意見が続出していました。

しかし、同氏は、長い業界経験から、その批判を覆すだけの自信がありました。

それが、誰もが着るシャツではあるものの、それを誰にでも売るということではなく、自分が思い描いた、シャツ・ユーザーのうち、わずか数％の人たちに対してのみ、「こだわりのシャツ」に絞り込んで提供する、という手法だったのです。具体的には、高級オーダーシャツを購入していた、お洒落を追求するビジネスシャツのユーザー層のみをターゲットにしました。

そして、そのターゲット顧客に対して、誰よりもその市場を知るグレート・コンシューマー（最高の消費者）である貞末氏が、自分自身で納得するもの、欲しいものを、驚きの価格で提供していったのです。

この高品質・低価格を実現させるために、貞末氏が考えたことは、流通構造をシンプルにすることで、無駄なコストを省くということでした。具体的には、

①生地生産者や工場と直取引すること
②工場から店頭に直接納入される製造小売り（ＳＰＡ＝Speciality store retailer of Private label apparel）形態の採用
③在庫を持たない多品種少量生産体制の採用
④感度の良い商品を次々と市場に投入すること
⑤業界常識の「手形決済」を「現金決済の翌月払い」に変更すること

でした。

これにより、原材料を安く仕入れることができるとともに、返品なしでリスクを取る覚悟を決めたことで、驚きの低価格を実現させたのです。

やらないと決めた四つのこと

さらに貞末氏は、やらないことを明確に決め、やるべきことに全力を注ぎ続けてきました。やらないと決めたのは、①無理に出店して規模拡大を追わない、②メイド・イン・ジャパン以外は扱わない、③値引きもバーゲンセールもやらない、④広告宣伝はやらない、という四つでした。

一つ目の、無理に出店して規模拡大を追わないことに関して、貞末氏は、

「立地がよく、人が多くいる都市であれば、どこにでも出店するというわけではありません。重要なのは、そこに、鎌倉シャツの『こだわりのシャツ』の品質を理解・共感してくれるお客様がどれだけいるかということです」

と語っています。

さらに、一般的には出店戦略を考える際、商圏がかぶらないように出店していくのが基本ですが、貞末氏は「理解・共感してくれるお客様が来店しうる場所でさえあれば、きっと支持される」という「こだわりのシャツ」に対する絶対的な自信があったため、逆転の発想で、商圏

を意識せずに出店しました。

二つ目の、メイド・イン・ジャパンに対するこだわりは、単に日本製の品質が高いという以上のものがありました。すなわち、八〇番手双糸以上の生地、縫製は熟練職人による巻き伏せ本縫い、ボタンは天然高瀬貝を巻き上げたものという強いこだわりがその表れです。

また、そもそも洋服は、西欧から日本に上陸したものでしたが、今や洋服は日本の文化になっています。そこで、日本人のプライドをかけて、西欧に逆上陸して、日本の洋服文化の素晴らしさを西洋に認めさせてやりたいという、貞末氏の気概があったと思います。メーカーズシャツ鎌倉のコロナ禍前のニューヨークでの大成功には、貞末氏は大いなる達成感を感じたに違いありません。

三つ目の、値引きもバーゲンセールもやらないというのは、何が何でも今期中に売れ残りを処分しようと躍起になり、バーゲンセールでたたき売ってきたアパレル業界の残念な歴史に対する反省からです。

多くのアパレルが失敗したいちばんの理由である、売り上げを追及して過大生産した結果、売れ残ってしまうというビジネス慣習を、抜本的に避けようとしたのです。売り上げを追求しすぎることは経営の見栄です。貞末氏には、そのような見栄を張る気はさらさらないのです。

決してつくり過ぎず、じっくり販売していくことでリスクを回避しよう、ビジネスシャツならこれができる、と考えたのでしょう。

　さらに貞末氏は、食品ではなくても鮮度が一番と言います。

「毎年、私たちの会社のお客様が増えていって、七割以上がリピーターとして定着していただいているんです。その人たちが毎年買いに来て『いつも新鮮でいいな』と思ってくだされば嬉しいのですが、いちばん怖いのは、失望させてしまうことです。そうならないようにするためには、毎年、品質が向上していかなきゃいけないんです」

「この闘いを三〇年間近く、やり続けているわけです」

「それで、値段を据え置いているわけですから、これは目に見えない葛藤です。われわれの中では、『去年と同じことをやっちゃいかん』と、常に緊張しているんです」

　四つ目の、広告宣伝はやらないというのは、広告宣伝という余分なコストをかけてまで、無理して販売するという経営姿勢が、アパレル企業を苦境に導いてきたからです。こんな悪習を回避しようという考え方からの施策です。つくり過ぎてしまった結果、広告宣伝しなければ捌けないようなビジネスはやらない、と心に誓ったに違いありません。

「ステーキを売るな、シズル（ｓｉｚｚｌｅ）を売れ」という言葉があります。これはアメリカの経営アドバイザー、エルマー・ホイラーが、自分自身の経験から導き出した「ホイラーの法則」と言われる五つの公式の、一番目に書かれていることです。

シズルとは、ステーキを焼くときの「ジュージュー」という音のことです。つまり、ステーキを売るためには「匂い」や「音」を売るのが重要で、売り込むべきものは、「構造」「作り」「値段」ではないということです。つまり、「商品そのものの機能」よりも、それを「購入、または使用することによって得られるメリットを感情的に表現する」ことが大事だということなのです。

貞末氏は、以前に、

「私は、シャツ屋を始めて、ウェブサイトを通じて、『貞末良雄のファッションコラム』というのを書き始めたんですよ」

「要するに、『シズルを売ろう』と考えているんです」

「その、私の書いていることに対してファンが広がっていく。これって、意外に重要なことかもしれないなと考えているんです」

「『私たちはこういう思いでシャツをつくっています』という、私たちの会社の精神を、皆さんにわかってもらいたいのです」

「これが伝われば、『じゃあ、一回くらい試してやろうか』という人が生まれてもおかしくないなと思っています」

と話しています。

社員全員を正社員にして生まれる計り知れない効果

貞末氏がいくら高品質で驚くべき価格のシャツを作ったとしても、それを一人で伝えていくことには限界があります。そこで重要な役割を果たすのがメーカーズシャツ鎌倉の社員たちです。

貞末氏は、自らの体験から、「会社イコール、ヒエラルキー（階層制、階級制、段階的組織構造）の塊だと経営者や社員たちが考えているとしたら、それは潰れる序曲だと思うんです」「ほとんどの社員が、会社のトップを向くのではなく、お客様の方を向いていれば、会社は潰れないと思います。少なくとも、潰れにくいと思うんです」と話します。

貞末氏は、「社員の値打ちは、お客様の利益に貢献しているかいないかが重要な判断基準であり、お客様の利益に貢献していれば、その社員は何ものをも恐れる必要はない」「お客様のためになっていない社員が社内にどれだけいるかが、企業が高コスト体質になっているかどうかを判断する重要なポイントだ」と、常に社員に伝えています。

そのため、社員全員を正社員にしています。

一般に、多くの小売業では、顧客に安い価格で商品を提供することに挑戦し、その実現のためにローコスト化に取り組みます。したがって、社員をコストとみなし、非正規社員を多く採用しています。メーカーズシャツ鎌倉でも、当初、この理論を取り入れました。しかし、進めていく中で、この、人をコストとしてしか見ない雇用形態では、社員は自分が大切にされているとは思わず、心底、頑張ろうとは思わないと、このやり方に限界があるということに気づいたのです。

「アルバイトをどれだけ使い切って、ローコストにしていくか」というような考え方を持っていたのでは、そう扱われているアルバイト社員たちに、会社に対するロイヤリティなんて全然生まれないのです。

「ロイヤリティがないということは、以心伝心の意思疎通もなければ、『もっとこうしたら、私たちも会社もよくなるよね』という発想をまったくしてくれない」「時間が来たらさっさと帰ってしまう」「そんな気持ちのアルバイト社員が、お客様に対して、どういったプラスアルファのサービスができるかということになると、そもそも、期待すること自体に無理がある」と、貞末氏は言っています。

貞末氏は、創業から三～四年経ったころ、こういったことに気づき、社員全員を正社員にすることを決断します。全員が正社員になったことで自律的に動き、結果として計算できない価値を生み出し、ローコストにつなげてくれました。社員は、貞末氏が考えた以上の成果を発揮してくれたのです。

社員全員を正社員として採用し、社員を大切に扱ってはじめて、社員は自律性を発揮してくれました。そして、「社員力」を発揮してくれているのです。

さらに貞末氏は、売り場とは「シャツを売らないところ」「サービスを売るところ」だと言います。この言葉の意味するところは、顧客に心の満足を実感させることで、購買してもらい、そして、心の底から喜んでもらった結果、顧客の信頼を獲得するのが売り場だということです。つまり社員は、店舗で、顧客の役に立っていることを実感できなければならないのです。

売り場で、顧客の心の満足を得ようと一生懸命に接客するうちに、顧客から、自然に「ありがとう」と言われるようになってほしいのです。これが社員のやる気を増幅させるからです。「ありがとう」と言われれば、また、さらに顧客にいい接客サービスを提供するようになります。こうした好循環が続くことで、顧客がリピーターになってくれるのです。

メーカーズシャツ鎌倉では、社員一人ひとりが高い当事者意識をもって、顧客の利益に貢献し、「ありがとう」の言葉をもらうことで、自分がいかに誇れる職業に携わっているかを強く認識します。そして、この職業を通して素晴らしい人生を歩むことができると実感しているのです。

貞末氏の洋服業界における世界ブランドを創り上げるという「使命感」と、顧客から感謝されることで高まる社員一人ひとりの「誇り」の積み上げが、同社の「価値」であり「競争力」となっています。

4. 株式会社さくら住宅

退社を決意して独立

神奈川県横浜市・鎌倉市・逗子市エリアを拠点に、リフォーム・耐震補強・新築・増築・改築・一戸建全面改装・マンション全面改装・建築工事・建築計画設計を行う、株式会社さくら住宅という会社があります。

一九九七年六月、二宮生憲現会長が五〇歳で独立を決意し、創業したのが始まりです。以来、「リフォームを通じて社会のお役に立つ会社になる」を企業理念に、同業他社が手間がかかる割に儲からないからやらない小工事を、進んで引き受けます。これにより、その後の大口工事や生涯顧客化へとつなげていく、顧客満足第一の経営を展開しています。この結果、困った時に頼れる「住まいのかかりつけ医」として、顧客から高く評価されているのです。

住宅リフォーム業界について見ていきましょう。ある調査機関によると、二〇一九年の住宅リフォームの市場規模は、六・五兆円となっています。ちなみに、二〇一〇年の調査では、市場規模は六兆円でした。また、二〇三〇年までの長期予測もされていますが、それによると、市場規模は五・九兆円～六・四兆円と、今後、おおむね横ばいで推移すると予測されています。

これを分野別にみると、「増改築に関わる費用」（一〇㎡超＋一〇㎡以下増改築工事）が前年比四・六％減、「設備修繕・維持管理費」が同六・六％増、「家具・インテリア」が同三・五％増となっています。

今後の展望としては、高齢社会・人生一〇〇年時代に突入することもあり、リフォーム需要の増加が予測されます。さらに、コロナウイルス感染拡大で結果的に進んだテレワーク・在宅勤務といったニューノーマルによるワークスペース需要の増加なども、リフォーム需要の促進につながっています。

ただ、その一方で、住宅リフォーム市場は参入障壁の低さから、同業種・異業種を問わず、新規参入者が後を絶ちません。違法すれすれの行為や無意味な価格競争を行う業者も現れ、厳しい業界環境になっています。

さくら住宅は、一九九七年六月に創業しました。きっかけは、二宮氏が、かつて勤めていた大手住宅メーカーに対して強い不信感を抱くようになり、その会社を退社したことでした。

ある日、家を買って間もない顧客から、その大手住宅メーカーにクレームが入りました。急いで駆けつけると、新築の壁のクロスが剝がれていました。顧客は、当然、直してくれと主張します。会社に戻り、そのことを上司に報告したところ、返ってきた言葉は「売った後まで面倒をみる必要はない、いちいち相手にするな」というものでした。
「お客様との信頼関係など、誰も気にしていない」「何棟売ったら勝ち。この業界は何なんだろう」と、二宮氏は驚きを禁じえませんでした。そこで、これをきっかけに、二宮氏は独立を決意したのです。

当初は、キッチンと水回りを一括でリフォームするという、セット商品を看板商品に掲げ、高額ではあったものの、その中でお得感を打ち出し、販売しました。残念ながら、一年目は、二宮氏自身の思いとは裏腹に、十分な顧客を獲得できず赤字という結果になったのです。

二宮氏が発見した池クジラ戦略

では、なぜ、その後、さくら住宅が、創業二年目から二二年連続で黒字を達成するまでの、顧客から高い支持を得る会社になれたのでしょうか。それは、二宮氏が、やらないことを明確に決め、やるべきことに全力を注ぎ続けてきたからです。やらないと決めたのは、①小工事を断らない、②遠方の工事はやらない、③価格競争をしない、という三つのことでした。

一つ目の、小工事を断らないことを決めるに至ったのは、ある顧客からの依頼がきっかけでした。創業一年目に赤字だったこともあり、同氏がその打開策を模索していた二年目のある日、一人の顧客が店舗を訪ねてきました。その顧客から、「洗面台の鏡が錆びて交換したいんですが、どこもやってくれない。こちらでやってくれませんか」と、お願いされたのです。

手間賃はわずかで、利益もほとんど出ないとわかってはいたものの、一年目が赤字だったことによる傷心から、藁にもすがる思いでどんな仕事でも請けようと、喜んで鏡の交換をしました。

すると、顧客は、こちらが驚くほど喜んでくれ、次々とほかの新規顧客を紹介してくれたのです。その依頼内容の多くは、電気の修理、障子の貼り換え、水漏れ、柱の補修等が中心でした。なかには、「建てた会社がアフターフォローに来てくれない」「建てた会社がなくなってしまった」という依頼もありました。

こうした経験から、アフターフォローという概念が薄い業界構造を反面教師として、さくら住宅は、リフォームした家を定期的に巡回し、不具合がないかを聞いて回ることにしたのです。現在も続けているこの行動を、二宮氏は、「お客様との距離をどれだけ縮めるかが命です。手間を惜しんだら終わりです」と話します。

さくら住宅は、こういった住まいの小さな困りごとを解決すれば、顧客との信頼関係が築けることに深い気づきを得たのです。近隣住民の小工事を積極的に受注して、そうした顧客との信頼関係を構築し、その顧客から次々とリフォームを受注して、深い顧客満足を得る、現在のビジネスモデルが出来上がりました。

そもそも住宅には、小まめなリフォームは必要なことですが、住宅の小工事（単価二～三万円）は、建設業者自身が赤字になると思い込んでしまっているため、敬遠しているのが現状です。

そんな中、さくら住宅は、小工事こそ大切にしているのです。

実際、二〇一七年度の同社の受注総件数に占める小工事件数の割合をみると、受注総件数一八四一件の内、大口工事が一〇八六件（五九％）、平均単価一一二万円に対し、小工事は七五五件（四一％）、平均単価四万三〇〇〇円となっています。

この数値だけを見ると、小工事の割合がかなり高いと思われますが、売上金額に占める割合でみると、二〇一七年度の売上高一二・五億円の内、大口工事は一二・二億円（九七・六％）に対し、小工事は〇・三億円（二・四％）に過ぎないのです。

小工事を数多く請けたからと言って、売り上げに大きく貢献することはありません。実際、さくら住宅の約九八％の売り上げは、外壁塗装や耐震補強工事、全面リフォームなどの大口工事によるものです。

だからといって、二宮氏は、意図的に小工事を請けることで、その後の大口工事を受注するということを狙ったわけではありません。小さな依頼にも手間を惜しまず、迅速に対応するという基本姿勢を守り続けてきたことで、結果として、小工事を依頼してきた顧客が大口工事を依頼するようになってくれたり、口コミで、知り合いを紹介してくれる関係が構築されているのです。

やらないと決めた三つのこと

では、一つ目の、小工事を断らないことに続いて、二つ目の、遠方の工事はやらないについてです。

さくら住宅の満足度の高さを知る顧客が口コミで増えていることもあり、工事依頼は後を絶たない状況が続いています。ただ、小さな工事でも親切丁寧に行うことをモットーにしているため、当然、困っている顧客の要望に応えたい気持ちはあるものの、地域の顧客を大切にするため、やむなくその依頼を断っているのです。

ちなみに、提供エリアは自社の各店舗から三〇分圏内で行ける地域としています。本社がある横浜市栄区の桂台地区では、約四〇〇〇世帯が生活していますが、その内の五軒に一軒はさくら住宅が何かしらのリフォームを手掛けた世帯となっています。また、どんな小工事でも引き受けてくれるという信頼感から、そのリピート率は九五%に上り、顧客の平均年齢は六九・七歳、六〇歳以上が八〇%超と、顧客の生涯顧客化にも成功しているのです。

ただ、さくら住宅が違うのは、単に断っているわけではない点です。自らは駆けつけることができないのですが、その地域の、よく知る信頼できる同業を紹介しているのです。そのために、さくら住宅を中心に始めたのが、「全国リフォーム合同会議」です。

「当社と同じような考えをもってくれるリフォーム会社を日本中に増やしたい。リフォーム業界を全国レベルで底上げし、業者の悪いイメージを払拭したい」と考え、さくら住宅が二〇一〇年に立ち上げ、二〇一八年には社団法人化しています。現在の加盟企業は、北は北海道から南は宮崎県まで、合計二七社になります。

そこでは、年に数回、経営者会議および社員会議を実施して、小手先の売り上げ増加手法などの話し合いはいっさい行わず、リフォーム業者としての「あるべき姿」や「考え方」を徹底的に議論しています。また、さくら住宅で培った経営手法なども共有して、社会の役に立つリフォーム会社を、一社でも多く日本中に広めようとしています。さらには、業界の悪いイメージの払拭にも積極的に取り組んでいるのです。

三つ目の、価格競争をしないというのは、小工事を断らず、どんな工事でも引き受けてくれるということから、地域の住民との間に信頼関係が生まれ、自然と値引きの話がなくなりました。

仮に、値引きを要求する顧客がいたとすれば、「では、その話に応じてくれる業者さんにお願いしてください」と、きっぱり断ります。それは、一つひとつの工事の原価を明確にして、適正価格を決めていることに対する、揺るぎない自信があるからです。

適正価格を下回るということは、当然、材料費を落とすか、職人への支払いを下げるなど、どこかで無理が生じます。またその無理は、工事の質に影響することを、顧客にしっかりと説明しているのです。その結果、多くの顧客には納得してもらえているため、継続的に工事を頼んでくれているのです。

「お客様株主制度」で、顧客が身内になる

さくら住宅の顧客との強固な信頼関係を示すものに、「お客様株主制度」があります。現在、同社の株主数は当初の七名から、個人、法人を合わせて一五六名にまで増え、その内の八八名(五六%)が、お客様株主になっています。さらに、新たに株を保有したいという希望も非常に多く、現在も二十数名に待ってもらっている状況です。

お客様株主制度とは、同社の経理内容のすべてを、お客様株主に公開するということです。さらには、お客様株主から要望されれば、正しい意見である以上、会社はすべて聴いて実行することになります。会社は株主のものだからです。「お客様には内緒で」というような横着ができなくなるのです。したがって、こうした制度の導入は、一般には、顧客より、むしろ、リフォーム業者の方が避けたがるようです。

しかし、多くの顧客に株主になっていただくということは、顧客からの信頼は並大抵のもの

ではなくなります。お客様株主からは絶大の信頼を得られることになります。「お客様の会社」であるという事実を強く主張できるようになります。お客様株主には決算書が配られ、当然、配当も出ます。会社が、適正利益を取ることは当然ということを、お客様株主にはしっかり理解してもらえるようになります。顧客には、堂々と、新規顧客を紹介してもらいたいと、ごく自然にお願いすることができることになります。

同社が、この制度を始めたきっかけは、同業者の多くが、リフォームには真剣に向き合わず、顧客への提案や見積もりのスピードも遅い上に、「やってやる」という上から目線で対応している姿を見てきたからです。これでは「信用」とは程遠く、顧客の気持ちも離れていくだけでなく、リフォーム業界全体のイメージが悪くなる一方です。

当然、多くの人が、リフォーム業界について不安・不信・不満を持ってしまうという見方をしていましたし、今でもそのイメージがあまり変わっていないかもしれません。二宮氏は、この状況を少しでも変えたかったのです。

不信感が色濃く残るこのリフォーム業界にも、大きな工事から小さな工事まですべてに対応して利益を上げ、少しでも多く納税をすることを考えている会社があるということを知ってほしいとの思いから、お客様株主制度が生まれました。創業から五年が過ぎた頃、それまでに何度も工事をさせてもらい、人柄や人間性も安心できる人に、「当社が増資の際には株主に」と声をかけ、一五名に株主になってもらったのが始まりです。

この株主総会がほかと大きく異なる点は、非上場会社でありながら、顧客が株主として来場することです。また株主以外にも、取引先や職人、仕事の付き合いで親しくしている人々、社員の家族などが来場し、例年二〇〇名以上が参加しています。

さらに、株主総会後には、株主懇親会が開催され、そこでは株主である顧客と、同様に株主である社員や取引先関係者（社外社員）が歓談する様子は、他の会社の型通りの株主総会では、決して見られない光景です。

総会内での株主からの質問も、業績や配当に関する質問はほとんどありません。二宮氏の健康を気遣う声や、「もう配当はいらないからその分社員の給料を上げてほしい」などの心温まる励ましの言葉が多くなっています。

また、大幅な値引き合戦が繰り広げられることが多いリフォーム業界にあって、顧客は、「値切ったことはない」「かかるものはしょうがない。信用第一です」「小さな工事をきちんとやってくれると、次もお願いしたい心理になりますよね。それで大きな工事も頼んでみようかな」と、口々に話し、値引きとはまったく無縁の世界になっています。

これは二宮氏が、社員に、顧客との契約において「売りに走るな」「無理に契約してもらうな」ということを徹底させているからです。すでにこれまでの丁寧で質の高い仕事ぶりが口コミで広がっているので、黙っていても、顧客から続々と依頼が舞い込むため、無理をする必要がないのです。顧客との関係を対等にすることで、値引きとは無縁の世界ができあがったわけです。

一人ひとりの目標達成を全社員で支え合う

さくら住宅が二二年連続黒字を達成したのは、戦略が優れていたからだけではありません。それを実行する社員も大きな貢献をしています。同社にはノルマはないものの、経営目標はあります。その目標の達成を、全社員が協力し合って目指しています。

そのため、月末に、仮に目標に達していない社員がいれば、他の社員が受注した仕事をその社員に回したり、一緒に顧客のところへ訪問することが当たり前の光景になっています。また、社員に毎月の月次決算表を配布して、売り上げや利益の共有を行い、自分の働きが会社にどう貢献するのかという意識を高めているのです。

さくら住宅では、どんな小さな工事でも迅速に対応して顧客の住まいの困りごとの解決に貢献することで、自分がいかに誇れる職業に携わっているかを強く認識しています。そして、この職業を通して素晴らしい人生を歩むことができることを自覚しています。

二宮氏の、顧客から不信感を持たれているリフォーム業界を変えたいという「使命感」と、お客様が株主となり、感謝されることで高まる社員一人ひとりの「誇り」の積み上げが、同社の「価値」を生み出し、「競争力」となっているのです。

5．株式会社吉村

淹れて飲む日本茶が飲まれなくなった

東京都品川区戸越に食品包装資材の企画、製造、販売（グラビア印刷・軟包装デジタル印刷・ラミネート加工・スリット加工・製袋加工・刷込後加工）を行う、株式会社吉村という会社があります。

一九三二年七月に創業したのが始まりで、三代目の橋本久美子社長は二代目社長の長女です。吉村が属するのは包装資材業界（市場規模、約五兆六〇〇〇億円）です。その中でも、食品、特に、ターゲット顧客をお茶屋さんに絞り、茶葉のパッケージ（包装資材で包んで持ち運び可能にすること）が九五％の業務です。茶葉包装資材分野では圧倒的なトップ企業ですが、八〇〇〇社以上ある顧客と同じ、日本茶（茶葉）業界に所属しているとも考えることができます。

現在では、単に茶葉をパッケージする包装資材メーカーに留まることなく、顧客のニーズ・ウォンツを徹底的に引き出すとともに、その販促支援までサポートするサービス業務を担っています。その結果、顧客の付加価値向上・販促支援まで行う、「お茶屋さんの繁盛支援業」として高く評価されているのです。

総務省家計調査から日本茶業界の動向を俯瞰しましょう。一世帯当たりの茶葉消費量の推移は、二〇一四年に一一四六グラムであったものが、二〇一九年には七九一グラムにまで、五年間で三〇・九％減少しました。

一世帯当たりの茶葉・茶飲料（ペットボトル）の年間支出金額で見ても、二〇〇三年に茶葉が六一三八円、茶飲料が四六二七円でしたが、一六年後の二〇一九年には、茶葉が三七八〇円、茶飲料が七八四五円と、茶葉が三八・四％減少、茶飲料が六九・五％増加し、茶葉は茶飲料に大逆転されています。ペットボトルの茶飲料が出現したため、茶葉の消費量が大きく減少してしまったのです。

橋本氏は、結婚後一〇年間、専業主婦として生活していました。そんな家庭の主婦として過ごしていく中で、ある変化に気付きます。

「お友達をお茶に呼んだり、呼ばれたりしていたんですが、そこで出てくるのが、お茶からコーヒーや紅茶が定番になっていたんです」

さらには、

「日本茶は好きだけど、淹れ方がわからないとか、淹れるための急須すら持っていないという友人が少なくなかったのです」

こうした体験を通じて、橋本氏は、日本茶を飲む習慣がなくなってきているという現実に危機感を覚えました。

事実、日本茶を飲む形態が徐々に変化していったのです。まずは一九八五年に大手飲料メーカーが缶入り煎茶を発売します。続いて、一九九六年に五〇〇ミリリットル・サイズのペットボトル入り緑茶飲料が登場します。さらに、二〇〇〇年、そのまま温めることができるペットボトル入り緑茶飲料が発売されました。これにより、日本茶は、家で淹れるものからペットボトル入りを買うものへと、完全に変化してしまったのです。

また最近では、日本茶の茶葉のことを知らない世代も多く、橋本氏が、若い世代に茶葉について聞いたところ、「それって、お茶の素ですよね」という答えが返ってきたそうです。つまり、若い世代の間では、お茶は、すぐ飲める状態になった液体のことで、茶葉はそれをつくるための「お茶の素」と理解される時代になっているのです。

橋本氏が発見した池クジラ戦略

橋本氏は、二〇〇一年、先代の誘いもあって復職します。そこで下降しつつある日本茶の魅力をどう伝えていくかを考えていきます。自ら企画開発者として、新たなパッケージの考案などを担当しました。

また橋本氏は、消費者座談会を開催し、日本茶の可能性について、多くの消費者の声を集めました。消費者の話を聴く中で、今後起こりうることを少しずつ予感できるようになっていたのです。例えば、お中元やお歳暮の売り上げが落ちて、お茶業界が「もう駄目かもしれない」と言い始めた頃に、

「これからは、若い世代にも受け入れられるカジュアルギフトに、お茶もシフトしていく必要があります」

と、消費者から得られた声を業界に発信していきました。

橋本氏は、日本茶を復興させ、自社が生き残っていくためには、勇気を持って、業界の常識を打ち破っていくしかないという思いを強めます。

二〇〇五年一一月、橋本氏は社長に就任します。家庭で緑茶を飲む機会が減り、ペットボトルのお茶が、ますます売り上げを伸ばす中、父親である先代社長から託されたのは、「明日の飯をつくるのはお前だ」と、ビジネスモデル転換への厚い期待でした。

橋本氏は、「日本茶が売れなくて困るのは、私たちパッケージ（包装資材）印刷業だけではなく、お茶屋さんも同じはず。それなら、日本茶を売るため、一緒に知恵を絞り、汗を流し合う間柄になろう」と考えました。

では、なぜ吉村が、縮小が続く日本茶業界で、顧客の付加価値向上・販促支援まで行う「お茶屋さん繁盛支援業」として高く評価されるようになったのでしょうか。

橋本氏は、茶葉をカジュアルギフト化するという方向性に活路を見出し、デザインに工夫を凝らし、大きなお茶の袋ではなく、お洒落な個包装にして販売することで成功したのです。

やらないと決めた三つのこと

橋本氏は、池クジラ戦略を見つけ出す中で、やらないことを明確に決め、やるべきことに全力を注ぎ続けました。やらないと決めたことは、①量産しない、②単なるパッケージ印刷はしない、③下請けも安売りもしない、という三つでした。

一つ目の、量産しないと決めたのは、先代の時代に主流だった大ロットによる大きな茶袋生産では、これからの顧客のニーズに応えられないという想いからでした。通常、パッケージ製造というのは、数万枚単位での発注となるのが一般的な中で、吉村では一〇〇枚からの超小ロット対応の生産体制に、大きく舵を切りました。

二つ目の、単なるパッケージ印刷はしないと決めたというのは、マーケティング調査や店頭のデザインやユニフォーム、POPなどの販売促進・買い場支援、次世代への取り組み（給茶スポット、お茶Bar、T-1グランプリ）などを展開すると決めたことを意味します。すなわち、先代から引き継いだのは包装資材というものづくりだったのですが、それに、「顧客の茶葉の販売をフルサポートする」というサービスを付加した、ということです。その結果、業態は、お茶屋さんに対する「繁盛支援業」に転換したのです。

三つ目として、下請けも安売りもしないことを決めました。下請けとならないためには、最終ユーザーであるお茶屋さんに直接口座を開き、個別に対応して提案することが必要でした。また、安売りしないためには、顧客に、個別に行う販売促進の提案には、価格以上の価値があると認めてもらう必要がありました。そのため、八〇〇〇件のお茶屋さんに、それぞれのニーズに合わせた提案をしていったのです。

そこで、まず、小ロット適量生産のため、デジタル印刷システムをはじめとする一貫生産体制を整備しました。パッケージ製作に必要なすべての工程を内製化することで、業界では常識であった外注に依頼することを止め、規模の小さなお茶屋さんに対しても、個別に対応できるようにしたのです。

設備投資面では、小ロット・製版代ゼロ円の「エスプリ」をはじめ、グラビア印刷、既製品への刷り込み印刷など、一貫生産ならではの柔軟な仕組みができあがりました。顧客のニーズ・商品に合わせた、最適な販売促進方法が提案可能になったのです。

また、顧客に価値を認めてもらえる提案の一環として、自社デザイナーを採用し、デザイン提案力を高めました。これにより、独自のデザインによる個包装を提案できるようになり、個々の顧客に対する最適な販売促進を、さらに強化していったのです。

社員が主人公のボトムアップ経営

橋本氏がいくらお茶屋さん繁盛支援業になると宣言しても、全国の八〇〇〇を越える茶業者に対する販売促進のフルサポートを、社長一人ではとても担い切れません。そこで重要な役割を果たすのが、社員たちの力です。経営とは「人を通して目指す成果を上げていく」ものなのです。

自分一人の力では限界があることをわかっていた橋本氏は、吉村の経営理念・ビジョンに共感・共鳴して入社してくれた社員とともに、社員一人ひとりが主人公になる全員参加経営を行ってきました。その過程で、五分会議・ノーベル起案・壁新聞・イチオシ投票など、社員が自ら動くための仕掛けが次々と生まれました。

また、橋本氏は、優れた人財が高学歴とは限らないということを経験上学びました。そこで、学歴不問の採用を行ってきたのです。それと合わせ、カタカナや難しい言葉は極力使わず、社員全員にきちんと届くように伝える「ひらがな経営」を推進しています。

さらに、現場からの声を集めて顧客に貢献していくことが同社の企業文化となっています。

そのため、顧客と常日頃接している現場社員にしか把握できない顧客のニーズや、製品を作っている現場社員の細やかな気づきを、顧客の満足を高める上での重要な情報として位置づけています。

そこで特に力を入れているのが、「発言時間は一人二〇秒」をルールとした五分会議です。当初は、「人と話すのが苦手だから現場オペレーターになった」「会議には参加したくない。決めたことには従うし、意見はないのでそっとしておいてほしい」という声も多かったようです。

それでも、橋本氏があきらめずやり続けた結果、今では、単なる情報共有の場だけではなく、話すのが苦手だった社員も、自分が話すことができて、参加者の意見を聴き、まとめられる力も身に付きました。さらに、これまで時間がかかっていた様々な社内調整も軽減し、働き方改革にもつながっています。

同社では、社員一人ひとりが高い当事者意識をもって輝き、自ら考えて、判断して、茶業界の繁盛支援に貢献することで、自分がいかに誇れる職業に携わっているかを強く認識しています。

橋本氏の、「お茶屋さんとともに日本茶の危機を救いたい」という「使命感」と、社員一人ひとりが主人公になることで生まれる「誇り」を積み上げることにより、同社の「価値」を生み出し、「競争力」となっているのです。

以上、池クジラ企業五社の事例からわかるように、池クジラ戦略を採る会社は、特定の顧客を選んで、ほかの誰も提供できないような価値を提供しています。もちろん、その裏側には、社員の大変な努力があります。その結果、会社は、その特定の顧客から大いに喜ばれ、感謝されます。これが「戦略的に強い会社」です。まさに、池クジラ企業の真骨頂です。そして、その特定の顧客から愛されるようになります。すなわち、「顧客から愛される会社」になるのです。

会社も社員も、顧客から愛され、多くの感謝の言葉をいただければ、社員には働きがいが生まれます。その結果、会社は、社員からも愛されます。働きがいが生まれる、自分自身の仕事のプラットホームだからです。こうして、「社員から愛される会社」になるのです。

社員は、顧客に深く喜んでもらえるようますます努力します。したがって、その会社の社員が結果を出す力、すなわち、社員力が強くなります。つまり、「社員力が強い会社」になるのです。

五社は、戦略的に強いがゆえに、特定の顧客から愛され、社員から愛されています。そして、社員力が強くなる結果、当然のことですが「長期安定利益」が生まれるようになります。これこそ真の「稼ぐ力」です。そして、一連の流れの結果として「財務的に強い会社」になるのです。

このように、池クジラを突き詰めれば、戦略的に強い会社になり、顧客からも社員からも愛される会社になります。その結果、社員力が強くなり、財務的にも強くなります。この好循環により手に入るものが、「強くて愛される会社」なのです。

池クジラ五つの必須要件

さて、本章の池クジラ企業五社の事例から、経営の「あり方」に関する共通項が浮かび上がってきます。すなわち、池クジラ企業の特徴です。これを、「池クジラ五つの必須要件」と銘打ってみましょう。

一つ目は、業界の非常識にあえて挑戦し、非常識であるがゆえに、ほかでは得られない自社独自の価値を生み出していることです。二つ目は、社会的課題の解決に挑戦し、それを求めていた人々に貢献していることです。三つ目は、価格競争とは無縁の世界で、値引きする必要がなく、適正価格を支払ってもらえることです。四つ目は、有事に強い事業構造ができており、突然訪れる環境変化を乗り越えることができていることです。そして、五つ目は、社員が自律できる行動環境が整備できており、社員が、自ら考えて判断して、行動していることです。

池クジラ戦略をとことん突き詰める会社は、以上五つの必須要件を満たした結果、本当の意味で「強くて愛される会社」になっているのです。

第二章

強くて愛される会社へ――
〝池クジラ〟戦略で、
なぜ「人を大切にする経営」をも
実現できるのか

「池クジラ」戦略を採っている「強くて愛される会社」は、あえて業界の誰もやらない、やろうとしない、やりたくてもやれない特定の分野に取り組んでいます。その特定分野で、ほかでは得られない独自の価値を生み出し、顧客に喜んでもらっているのです。

逆に、池クジラではない戦略を考えてみます。大企業を、大海を回遊するクジラにたとえます。そこに、イワシやサンマのような中小魚が迷い込んだとするとどうでしょう。あくまでたとえ話ですが、簡単にクジラの餌食になってしまうに違いありません。中小魚は、ヒト・モノ・カネ・情報という経営資源面で、大企業と比べ圧倒的に劣勢の中堅中小企業をたとえています。

中小魚たる中堅中小企業にとっては、海から海水を引いた小さな池（特定市場）を見つけ出し、その池でいちばん大きな魚、あるいは、オンリーワンの魚、すなわち、池のクジラ（魚とクジラは同じ海の生物であり仮に同類とたとえての話）になる戦略を採用するのがいちばん賢いのです。したがって、「池クジラ」は、大企業とは戦わない、誰とも競争しない戦略を採っているのです。

ほかの誰も提供しない商品・サービスを求めている特定の顧客に、その商品・サービスを提供するのであれば、価格競争は起きません。この特定分野には、競争相手がいないからです。顧客には、価格を上回る提供価値があると認めてもらえれば、喜んでお金を支払って（WTP＝Willingness to Pay）もらえます。これが「池クジラ」の状態です。

図表1　大海のクジラvs池のクジラ

	大海のクジラ（大企業）	池のクジラ（中堅中小企業）
狙う市場	**業界全体** 面倒くさい特定分野は後回し	**特定市場** 大企業が狙わない市場 業界では非常識な市場 手間のかかる特定の分野
競争優位	**コストリーダーシップ戦略** シェア獲得競争、価格競争 **差別化戦略** ブランド、品質、サービス競争	**集中戦略** 非価格競争、 大企業とは競争回避
コア能力	**圧倒的かつ豊かな経営資源** ヒト、モノ、カネ、情報	**限られた少ない経営資源** 経営者の強い思い、 働く目的が明確になった 少数精鋭の社員

競争相手がいない特定分野に取り組んでいると言いましたが、よくよく見れば、同業他社と同じ業界に所属しています。しかし、もっとしっかりよく見れば、明らかに、ほかの会社とは違うのです。

それでは前章の最後に述べた、池クジラ五つの必須要件を、以下に順を追って説明しましょう。

1. あえて業界の非常識に挑戦

誰もやらない、やろうとしない、やりたくてもやれない

「池クジラ五つの必須要件」の一つ目は、あえて、誰もやらない、やろうとしない、やりたくてもやれない、業界の非常識に挑戦することです。

どの産業分類の業界にも、業界の「リーダー」と誰もが認めるような大企業が存在します。その業界で最大の経営資源を持つ企業です。多くの場合、経営資源の独自性も高いようです。また、業界には、リーダーとシェア争いをしている「チャレンジャー」も存在します。これは、リーダーに準ずる経営資源を持っています。ともに、いわゆる大企業で、「大海（業界全体）」

図表2　想定される業界構造

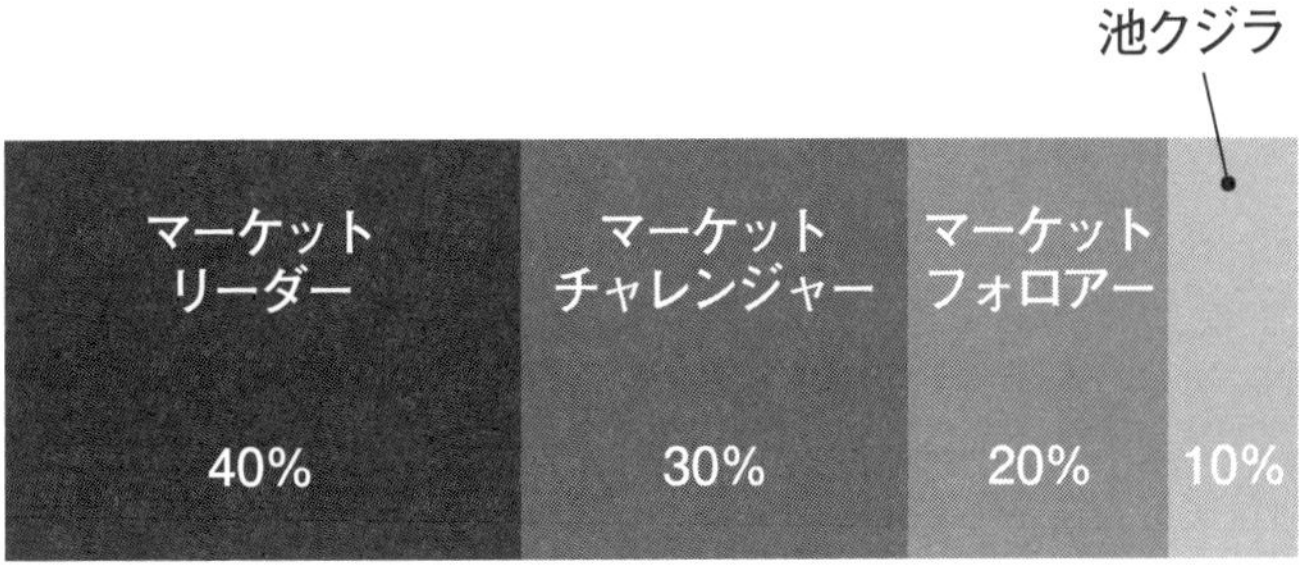

出所：フィリップ・コトラー著、村田昭治監修、小坂恕・疋田聰・三村優美子訳（1983）
『コトラー　マーケティング・マネジメント〔第4版〕』プレジデント社を修正

を視野に入れて戦っています。圧倒的な勝ち組企業であり、中堅中小企業のことなど歯牙にも掛けません。

一方でその他大勢の企業は、経営資源の質・量ともにリーダーを狙うポジションを占めることができず、「フォロワー」という地位に甘んじています。

各業界で、経営資源面で圧倒的な劣勢を強いられている、全国に三百数十万社ある中堅中小企業にとって、リーダーやチャレンジャーのような大企業は、まともに戦って勝てる相手ではありません。それではどうするか。その他大勢の企業と同じく、フォロワーに甘んじるかです。

しかし、それでは高いレベルの稼ぐ力を獲得することはできません。収益力は低く、経済環境によっては、収支とんとんか赤字転落してしまう可

図表3　業界全体のライバル像

経営資源		経営資源の大きさ（量）	
		大	小
経営資源独自性（質）	高	リーダー	池クジラ
	低	チャレンジャー	フォロワー

出所：嶋口充輝（1986）『統合マーケティング』日本経済新聞出版を修正

能性があります。稼ぐ力のない会社では、忙しいばかりで、将来の夢を語り合いたい人財も集まらず、経営者も社員も、物心ともに幸せにはなれない可能性が高いのです。

そんなことでは面白くないと思う会社も多いのではないでしょうか。

ところで、図表2や図表3をじっと眺めると、すでに見てきたリーダー、チャレンジャー、フォロワーという三つのくくり以外に、「池クジラ」というくくりがあります。池クジラとは、リーダーに挑戦する存在ではないという意味においてはフォロワーと同じですが、優れた独自の経営資源を持っているという特徴があります。業界の中で「特定市場（池）」に狙いを定め、そこに特化する独自路線を歩んでいます。

特定市場（池）とは、業界がまだ成長期にある中で、大企業が見過ごしている市場かもしれません。あるいは、業界はすでに成熟期を迎えており一定の顧客が存在することはわかっていながら、大企業が足を踏み入れず、避けてきた市場のことです。

大企業が見過ごしていたり、支配できていない池とは、例えば、規模が小さく、固定費の高い大企業が参入すると赤字になってしまうと誰からも思われている市場です。あるいは、特殊な経営資源が必要とされるため、大企業からすると割りに合わないため、「そこまではできない」と考え、手を出してこなかった市場のことです。あるいは、あまりにも特殊な世界のため、利益が上がるイメージが湧かない市場のことです。

言い換えれば、業界では、その池に手を出すことは非常識と思われてきました。したがって、同業他社の誰も、そこには踏み込まず、手を出してこなかったということです。

五社の業界の非常識への挑戦

それではここで、前章で紹介した五社の事例企業が、どのように業界の非常識に挑戦したのかを、以下、順番に確認していきましょう。

東海バネ工業は、世の中の大企業が、最新鋭の設備によってものづくりする、収益性の高い量産バネに取り組んでいるのに対し、どう考えても生産効率が悪いため、大企業があえて見過ごしてきた、多品種微量生産のばね市場に特化しています。

最新鋭の設備ではなく、高度な技術を持つばね職人に依存するビジネスモデルのため、業界人からすれば極めて非常識な戦略です。誰もやらない、やろうとしない市場なのです。今やそのような職人が少なくなってしまったため、もはや誰も、やりたくてもやれなくなりました。

徳武産業は、足に障がいを持つ高齢者をマーケットリサーチした結果、彼ら彼女らの足の左右のサイズが異なることに気づきました。そこで、「片足販売」という、業界の非常識に挑戦することを決意したのです。

それまで、一兆四〇〇〇億円という市場規模を持つ靴市場は、左右対称の両足販売が当たり前という常識の世界にいました。片足販売という非常識な靴づくりは、それまでも、今も、同業他社がやらない、やろうとしない、やりたくてもやれない、とんでもないビジネスモデルなのです。

メーカーズシャツ鎌倉は、貞末氏自身が尊敬する、日本のファッションデザイナー石津謙介氏から、「日本には、ビジネスシャツのスペシャリティ・ストアがない」という話を聞き、民子夫人とともに、鎌倉のコンビニの二階で、そこから半径三〇〇キロの商圏を対象にシャツ専門店を創業すると決めました。常識では測れない、驚くような決断でした。もちろん、シャツ専門店としても日本初、業界初でした。

また、製造から販売まで単一の業者が行う、独自の「製造小売り（ＳＰＡ）」業態を採用しました。恐らく、ファーストリテイリングよりも早く、日本のＳＰＡのフロンティアだったのではないかと思われます。さらに、既製品にもかかわらず、少しでも多くの顧客に適応するため、「サイズ売り」という販売の仕組みを開発しました。どこから見ても、業界の非常識に徹底的に挑戦したのです。

さくら住宅は、業界では赤字になるから敬遠していた、住宅のリフォームの小工事を決して断らず、手間ひま惜しまず迅速に対応すると決めました。

今や高齢社会ですから、新築住宅が次々と増えていくはずがありません。むしろ既存住宅のリフォームに対する需要の方が圧倒的に多いはずです。一方、高齢の住宅オーナーの気持ちになれば、長年、住宅に快適に住まうには、常日頃から小工事のリフォームを行うことが絶対必要なのです。ところが、住宅リフォーム業界では、小工事は、手間ひまがかかり過ぎて赤字になるからと嫌われ、請けないことが当たり前になっています。

しかし、小工事を嫌がらずに請け続けてきたお蔭で、地域の住民からは深く喜ばれ、感謝され、それをきっかけに、次々と収益性の高い中規模工事が受注できているのです。

吉村は、茶業界第一位の総合パッケージメーカーから、お茶屋さんの繁盛をフルサポートする提案型企業に進化しました。もともと、日本の慣習として、お茶は茶葉を淹れて飲んでいました。ところが、一九九〇年代の半ばにペットボトルに詰めた茶飲料が出現して以来、緑茶は押されっ放しです。市場シェアも世帯当たりの消費金額もともにペットボトルの半額となり、主役が交代しました。今や茶葉を淹れて飲む緑茶は、日本の国民的飲料とは言えなくなってしまいました。

言ってみれば緑茶業界が構造不況下にある中、ほかの食品包装資材に顧客をシフトするという常識的な選択肢もあったのですが、同社は、茶業界に踏み留まりました。否、むしろ積極的に、茶業界のパートナーとして、工場を量産型設備から多品種小ロット生産型に切り替え、デザイン、デジタル印刷など新しい支援体制を次々と構築して顧客を支援し、茶葉の需要を必死に喚起しています。

下りのエスカレーターを逆走して駆け上がっているうちに、いつか上りのエスカレーターに変わっていて欲しい。そんな思いで、最終ユーザーである消費者の声を、八〇〇〇社を超える顧客の茶業者にフィードバックしながら、創業以来続けてきた黒字を継続しています。

以上、五社の、業界の非常識に対する挑戦ぶりを見てきました。

時代を先取りした金融界の異端児

ここで、上記五社の事例以外の、まったく非常識な投資運用会社を紹介したいと思います。投資運用業では、今後儲かりそうな会社に一刻も早く投資して、値上がれば利鞘を稼ぐために売却するというのが常識です。ところがこの会社は、業界常識とは真逆を行く、極めて非常識な金融事業を展開しています。

神奈川県鎌倉市で、投信委託業務や投資信託の販売を行う鎌倉投信株式会社という会社です。投信委託というのは、投資家から集めたお金を運用する業務で、現在、多くの投資運用業が乱立しています。そうした中、鎌倉投信の投資哲学はまったくユニークで、同業他社とは明らかに違います。

鎌田恭幸社長は、投資について、「株価等の値動きを追うものではありません。投資先の会社が行う事業、その会社の経営者や社員によって創造され、社会で育まれる『価値』を蓄えていくものと考えています」という強い思いを抱いています。二〇〇九年当時の投資運用業界にしてみれば、まったく非常識な思いから創業したのです。共同創業メンバーとは、約半年間、創業の理念をディスカッションし、ようやく意見がまとまったということで、鎌倉投信を設立しました。

同社の投資哲学は、「投資は〝まごころ〟であり、金融は〝まごころ〟の循環」と一切ぶれていません。そしてその運用基本方針は、「これからの日本に必要とされる〝いい会社〟に投資する」としています。三億円の資金からスタートして、二〇二一年二月現在、四八〇億円の資金が集まっています。巨額の資金を持つ投資家からは資金を集めず、理念に賛同してくれる個人の小さな資金を集め、積み上げて運用しているのです。しかも、いったん投資した会社の株式は、原則、売らない方針だと言います。

実際、同社が投資する会社は、社員とその家族、取引先、地域・自然環境、顧客・消費者、株主をバランスよく大切にしている会社です。また、持続して豊かな社会を醸成できる会社になろうと経営努力を続けている「いい会社」ばかりです。共創経営・オンリーワン経営を行う会社でもあります。

世の中の大半を占める、投資家の利益を追いかけ、利鞘稼ぎの投資に走る、他の常識的な投資運用会社とは、完全に一線を画しているのです。

このように、鎌倉投信が戦うと決めた市場は業界では非常識であり、大企業が参入しようとしてこなかった事業分野でした。しかし、設立から一〇年を超えると、世の中が変わってきました。二〇二一年の今、金融の世界でも、「ＥＳＧ投資」とか「ＳＤＧｓ」というように、世界の潮流が変わってきているのです。今までの非常識が常識となりつつあります。金融業界が、鎌倉投信の事業分野に近づいてきています。

図表4　鎌倉投信の池クジラ

ターゲット顧客

鎌倉投信の投資哲学に賛同する
個人投資家

提供価値

これからの日本に必要とされる「いい会社」に
投資する結果、それらの会社が成長するに伴い
増大する時価総額というリターン
＋
投資家個人の精神的満足

独自コア能力

「いい会社」の“目利き”力
＋
まごころという投資哲学
＋
ブランド価値

鎌倉投信のビジネスモデルが、いずれ池クジラとは言えなくなる日が来るかもしれません。そのとき、池クジラをどのように見直すのでしょうか。今は誰にもわかりません。

2．社会的課題を解決

五社はいかに社会的課題に挑戦しているか

「池クジラ五つの必須要件」の二つ目は、誰も取り組もうとしていない社会的課題の解決に焦点を当て、鋭く切り込むことです。

社会的課題というと、一般には少子高齢化、人生一〇〇年時代、育児・子育て、介護、食料自給率、地球温暖化、後継者不足等々、世の中で広く共通認識されている社会問題を思い浮かべます。

しかし、池クジラを目指す「強くて愛される会社」が解決しようと焦点を当てる社会的課題は、そうした、世の中の誰もが気づいている社会問題とは限りません。もちろん、そうした社会問題に取り組むケースも多々ありますが、知る人ぞ知る世の中のお困り事という、もっと幅の広い社会的課題に、積極果敢に取り組んでいるのです。

それでは、すでに紹介した五社が、どのように社会的課題に挑戦してきたのか、以下、前節と同じように順を追って確認していきましょう。

例えば、東海バネ工業では、「単品ばねでお困りのお客様のお役に立つ」という社会的課題に挑戦しています。受注するばねの数量は平均五個ですから、ばねづくりは、人が職人技で行うという前提です。同業他社ではできないような高難易度の仕事を、集中的に請けています。必然的に、職人の技術レベルはどんどん高くなります。当然、機械設備を使っての自動運転ではつくれない、高いレベルの職人技でしかつくれないものばかりが依頼されてきています。

かたや、今の時代、大企業では、ものづくりは機械設備が行うものという考え方がメジャーになっています。そこでは、人間は、多くの機械設備の横で、ものづくりが正しく行われているかどうかを監視する仕事をしています。したがって、大企業は、もはや職人をほとんど抱えていません。職人技でばねをつくることなど、誰も考えておらず、やりたくてもやれない状況なのです。

一方、多くの中堅中小規模の同業他社は、多くの日本人特有の考え方なのかもしれませんが、バスに乗り遅れまいと大企業の真似をして最新鋭の機械設備を導入してきました。前節で見た業界構造におけるフォロワーです。つまり、東海バネ工業のような優れた職人を育てることを止めてしまいました。大企業と同じく、職人技のばねづくりなど、やりたくてもやれないのです。必然的に、高度な職人技でしか対応できないばねづくりは担い手が著しく減り、社会的課題となりました。結果的に、東海バネ工業に依存するしかなくなっているのです。

次に徳武産業は、「超高齢社会に商品・サービスを通して貢献」するという社会的課題に挑戦しています。日本の靴の市場一兆四〇〇〇億円のうち、わずか〇・五％前後を占めているのが、超高齢社会が求めている「高齢者用ケアシューズ」です。この製造・販売を通して社会的課題を解決しています。この市場も、手間ひまがかかり過ぎて簡単には儲からないと思ったのでしょうか、大企業は一切取り組もうとせず、敢えて見過ごしてきました。

十河会長はこの分野に事業を特化させることが自分たちの使命と考えています。自分たちは靴屋というより、高齢社会で、高齢者のお役に立つことがいちばんの仕事であると強い信念を持っています。したがって、一般の靴市場には見向きもしません。高齢者や障がい者に寄り添い、心から喜んでもらえることに会社をあげて命をたぎらせているのです。

身近な社会的課題を解決

メーカーズシャツ鎌倉は、「上質なシャツを低価格で提供」するという、やはり社会的課題に取り組んでいます。日本のビジネスシャツ市場は、年間五〇〇〇万枚です。そのうち、高級ビジネスシャツの専門店という特定市場は、わずか一・五％、金額ベースで五～六％くらいでしょうか。やはり、大企業はあえて見過ごしてきました。

世の中には、相手に好印象を与えたいと願い、お洒落を追求するビジネスパーソンがたくさんいます。こういった人々が、従来身に付けたがっていたのは、身体にぴったりフィットするオーダーシャツでした。しかし、とても値段が高いため、なかなか簡単には買えないものでした。

ところが、オーダーシャツの半額以下の価格で、既製品にもかかわらず自分の身体にぴったりフィットするシャツが、メーカーズシャツ鎌倉のお蔭で手に入るようになったのです。「こんないいシャツがこんなに安く」手に入るわけですから、お洒落なビジネスパーソンは、当然、ファンになります。顧客の七〇%以上がリピーターになっています。

さくら住宅は、「リフォームを通じて社会のお役に立つ」という社会的課題に挑戦しています。高齢社会・人生一〇〇年時代が到来しましたが、高齢化してから住宅を建て替えることなど、誰もができることではありません。住宅を長持ちさせるため、こまめなリフォームが、当然、必要になります。

ところが、大半の住宅建設会社は、面倒なアフターサービスを一切やりません。また、二〜三万円という小工事の住宅リフォームは、細々として面倒な上に赤字になる可能性が高く、建設業者は敬遠します。さらに、リフォーム業には悪徳業者が多く、顧客は騙されないように常に警戒している状態です。

こんな業界環境ですから、小工事も手間ひま惜しまず迅速に対応してくれる良心的なリフォーム会社の出現は、まさに、その地域の住民が待ちわびていた社会的課題を解決してくれる救世主でした。リピーター率九五%という、脅威的な割合には驚きますが、いかに多くの住民が、そうしたリフォーム業が現れるのを心待ちにしていたかということがよくわかります。

吉村には、茶葉を「淹れて飲む」という日本の風習がなくなってしまっていいのかと考え「お茶文化」を大切にしていきたいという強い思いがあります。茶葉のことを若い世代に「これって何かわかる?」と聴くと、「それって、お茶の素《もと》ね」と言われてしまうということは、すでに紹介した通りです。

今や、ペットボトルの茶飲料が本当のお茶だと認識されています。果たしてこれでいいのでしょうか。吉村は、茶飲料やコーヒーに押されている日本のお茶文化を、何とか生き残らせ、伝承させていきたいという社会が求めている課題に取り組んでいるのです。

3. 価格競争はしない

競争相手がいない世界

「池クジラ五つの必須要件」の三つ目は、価格競争はしないことです。

ナンバーワンやオンリーワンのポジションを築き上げれば、競争相手がいないわけですから価格競争はありません。顧客に対して、お役に立つことができ、喜ばれ、感謝してもらえます。価値を認めてくれた顧客からは、適正価格を支払ってもらえます。

中堅中小企業がこの道を選択すると、事業を立ち上げるまでは大変な苦労を伴います。しかし、全社員の苦労の結果得られる人工の要塞のように築かれた自社独自の池には、競争相手はいません。収益性が高く、かつ、長期安定利益を獲得でき、自社を長期にわたって存続させることができます。

価格競争はないのですが、価格が提供価値を超えてしまっては顧客からの信頼を失います。一方で、価格を安く設定しすぎると、社員の、血と汗と涙を伴った努力をお金に換えそびれてしまい、社員を、物心ともに幸せにすることができません。顧客に喜んで支払ってもらえる（W

TP＝Willingness to Pay）適正価格をいかに設定するかに、全身全霊を込める必要があるのです。池クジラ戦略を採っているのに、もし、現状では価格競争しなければならない状況に置かれているなら、まだ池クジラを、とことん突き詰めることができておらず、完成の域に達していないのかもしれません。

ともあれ、中堅中小企業にとって、価格競争をせず、大企業と戦う必要のないこの生き方が、長期的にはいちばん賢い道であることに間違いないのです。

五社はいかに価格競争を回避しているか

それでは、すでに紹介した五社が、どのように価格競争を回避できているかについて、以下、確認していきましょう。

東海バネ工業は、ホームページ上で、「この納期でこの価格でよければ仕事をお受けします」とメッセージを発信しています。相手に売り込みをかける営業パーソンはいないのです。このメッセージに応諾してくれた顧客の仕事のみ、受注します。当然のことながら、価格競争はありません。

徳武産業は、カタログに設定された価格で販売しています。価格競争はありません。十河会長は、「一円も値切らず買っていただけるお客様は本当にありがたい存在です。みんなで心を込めてお礼のメッセージを書きましょう」と、社員に声掛けしています。顧客から、サンキューレターが毎日五〇～六〇通も送られてきています。

メーカーズシャツ鎌倉は、お店でも、インターネットでも、定価販売をしています。それでも、「こんなに上質なシャツをこんなに安く買えて嬉しい」と、七〇％以上の顧客がリピーターになってくれています。値引きもバーゲンセールもありません。大々的に広告宣伝して、販売促進をすることもありません。当然、価格競争はありません。

さくら住宅は、どのような小工事でも嫌な顔をせず、素早く対応して顧客を深く喜ばせています。価格は、さくら住宅が決めている適正価格ですが、顧客は喜んで支払ってくれます。社員たちは誠心誠意やっており、その必死の努力を認めてもらえないような、値引きを要請してくるような顧客は断っています。当然、価格競争はありません。

吉村は、構造不況業界のお茶屋さんに対して、一緒に知恵を絞り、汗を流し合う間柄になると決めました。デザインに工夫を凝らした個包装で、茶葉をカジュアルギフト化しています。また、マーケティング調査や店頭のデザインやユニフォーム、ＰＯＰなどの販売促進・買い場支援を行っています。茶葉の販売をフルサポートしているのです。

何とか逆風を跳ねのけたいと頑張っているお茶屋さんにしてみれば、ここまで自分たちのことを理解し、提案してくれる存在はありません。やはり価格競争はないのです。

このように、池クジラ戦略を採用している強くて愛される会社には価格競争はないのです。顧客は、適正価格を喜んで支払って（WTP）くれています。顧客は深く喜び、価格以上の価値を認めてくれているのです。

ところで、池クジラ戦略の結果、池クジラが完成していたとしても、その後、何の努力もしなければ、その池クジラの状態を永続させることができないのは当たり前です。企業は環境適応業ですから、常日ごろから環境変化に適応して、ビジネスモデルを調整し続ける必要があります。

また、池クジラの池は、サイズが特定されている以上、どこかでその市場を独占してしまうことになり、成長の限界に突き当たります。そのとき、当然、成長は止まります。したがって、会社としてさらに成長を目指すなら、第二、第三の池を探して、そこで、次の池クジラとなる必要があります。これに成功できれば、事業基盤はさらに磐石なものになります。

4. 有事に強い事業構造

フロービジネスとストックビジネス

「池クジラ五つの必須要件」の四つ目は、事業基盤を安定させ、有事にびくともしない安定基盤を築くことです。

現実の経営において、いついかなる環境変化が襲って来るか分かりません。会社は、外部環境の変化に十分な備えができているでしょうか。ビジネスモデルを描くに際して、外部環境の影響をどうすれば最小限にできるか、十分に考慮し、事業基盤の安定を念頭に置く必要があります。

ビジネスには、フロービジネスとストックビジネスがあります。都度顧客との関係を築き、その時々に応じて収益を上げていくのがフロービジネスです。一方、契約を結んだり会員を募ったりして継続的に顧客と関係を結び、継続的な収益を上げていくのがストックビジネスです。大半のビジネスは、その都度顧客に商品・サービスを販売するフロービジネスです。

一般に、フロービジネスは、収益性が優れていることが多いのですが、残念ながら安定性に欠けるのです。一方で、ストックビジネスは、外部環境の変化に対する安定性が優れています。ただ、安定収益を生み出す顧客基盤を築くのに多くの時間を要します。

さて、有事に強いビジネスモデルとは安定性の高いストックビジネスです。有事に備えるためにはストックビジネスに取り組む必要があります。しかし、ストックビジネスは、どんな業界でも対応できるとは限りません。それぞれのビジネスには個性があります。ビジネスの種類によっては、ストックビジネスになじまないものも多いのです。

したがって、もし自社のビジネスモデルにおいて、フロービジネス以外考えることができないなら、「顧客を財産（ストック）」と考え、「ストック的ビジネス」に持っていくことをお薦めします。

ストック的ビジネスとは、顧客から厚い信頼を得てファンやリピーターになってもらうということです。結果的に継続的な収益につながるのです。このためには、何がファンか、何がリピーターか、顧客の自社内における位置づけをしっかり定義する必要があります。そして、顧客にそうなってもらうための仕組みづくりをお薦めします。

一方で、ストックビジネスやストック的ビジネス以外にも、事業分野を増やしたり、顧客の数を増やしたり、顧客の属する業界を多方面に分散させておくことは、事業基盤を安定させるために大いに役立ちます。

図表5　安定基盤思考

①ストックビジネス

個々の**継続取引**を積み上げる

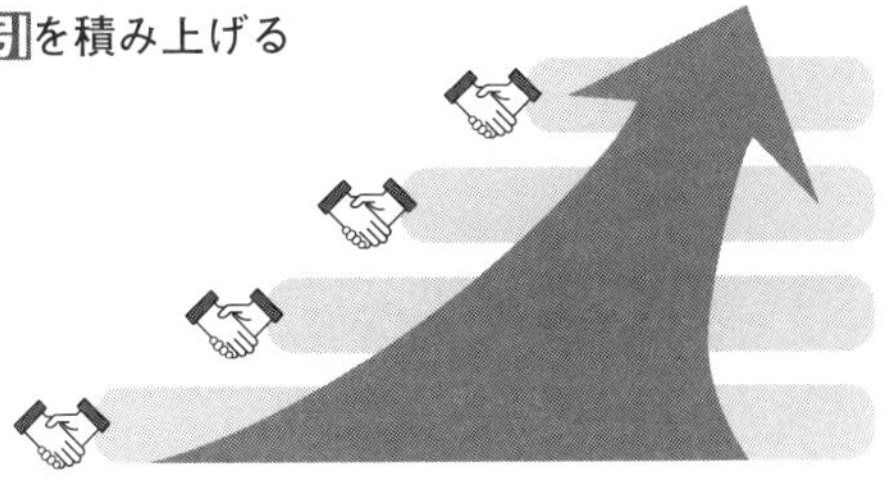

「継続取引」という座布団を積み上げる

②ストック的ビジネス

ファン・リピーターを積み上げる

「ファン・リピーター」という座布団を積み上げる

③「個々の顧客」「顧客の業界」「自社の事業分野」の数を増やす

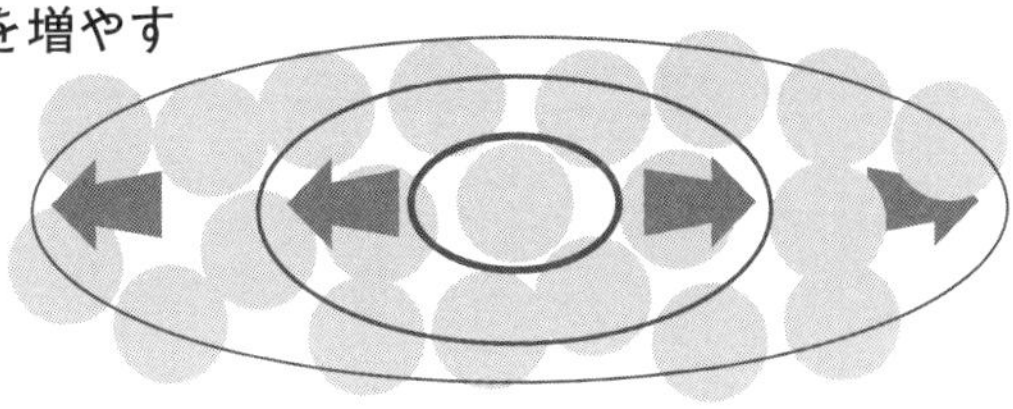

特定の顧客に依存しすぎることはリスクです。会社の売り上げ全体に占める顧客一社当たりの売り上げの割合は、どんなに大きくても、一〜二割程度以下に抑えておいた方が、有事には強い経営体質になります。こうした、経営の安定性を求め、有事に強い耐性を備えた会社にするための戦略思考を「安定基盤思考」と言います。

五社には安定基盤があった

それでは、すでに紹介した五社がどのように有事に備えているかを、以下、確認していきましょう。

まず、東海バネ工業です。同社は、リピーター率が八七%もあります。しかも、平均受注金額が六万八〇〇〇円と小さく、年間受注件数が二万五〇〇〇〜三万件です。したがって、ストック的ビジネスに加えて顧客数が多く、有事の影響は限りなく小さくなっており、大変高い安定基盤思考の事業構造と言えます。

次はメーカーズシャツ鎌倉です。同社はリピーター率が七〇%以上と高い上に、やはり顧客の数が多く、かつ、多様化しています。東海バネ工業と同じく、大変高い安定基盤思考の事業構造になっています。

次は、さくら住宅です。リピーター率は九五%もあります。極めて高い安定基盤思考の事業構造です。それに加えて同社には、大変ユニークな「お客様株主制度」があります。現在の株主数は、個人・法人を合せて一五六名（法人含む）です。その内、何と八八名がお客様株主なのです。

顧客が株主になることで、会社は、顧客にとって良い会社とは何かということが厳しく問われます。お客様株主制度があるため、会社の経営方針が、もし顧客の意向と違った方向に向かったとすれば、株主の意見を取り入れて修正せざるを得なくなります。

顧客に支持されない会社がその存在意義を失うのは当たり前のことです。しかし、ここまで徹底した制度があると、お客様株主の声はしっかり経営政策に反映されますし、会社の大ファンとして、次々と新たな顧客を紹介してくれるようになります。紹介された新しい見込み客は、お客様株主の信頼が十分に伝わっていることから、同社を直ちに信頼します。

二宮生憲会長は、「この会社は皆さま一人ひとりの会社です。私の会社ではありません。この会社をどうするかも皆さまの考えで決まることです」と株主総会で話します。顧客が株主になり、自分の声を会社に届け、それが実現されるということは、同社に対する信頼の証であり、これ以上のファン化（顧客にファンになってもらう経営政策）はありません。ここまで顧客のファン化が明確な形になると、経営の安定性が極めて高くなるのは当然です。

徳武産業は、まだ誰もやっていないときから新たな高齢者用ケアシューズ市場を切り開きました。同社の品質の商品はほかでは手に入りません。その上、社員からは思いやりに溢れた手紙が送られてきます。必然、リピーター率は高まります。二〇一九年七月に累計販売数が一五〇〇万足を達成していますから、顧客の数は生半可ではありません。極めて高い安定基盤思考の事業構造になっています。

吉村は、構造不況業種と思われているお茶屋さんの繁盛支援業に乗り出しました。八〇〇〇件の顧客からすれば、自分たちと運命を共にしてくれる、まさに救世主です。当然、その多くがリピーターになります。やはり、極めて安定基盤思考の高い事業構造です。

以上見てきた通り、五社の池クジラは安定基盤思考が強く、有事には極めて強い事業構造であることが確認できました。

5. 社員の自律が必要条件

自分で考えて、判断して、行動する

「池クジラ五つの必須要件」の最後は、社員が自律できる行動環境が整備されていることです。

「人は考える葦《あし》」というのは、一七世紀のフランスの哲学者、パスカルの有名な言葉です。パスカルは「人間はひとくきの葦にすぎない。自然のなかでもっとも弱いものである。だが、それは考える葦である…（中略）われわれの尊厳のすべては、考えることのなかにある」と言っています。

これからの時代、いかに優れた経営者であろうとも、果たして一人で戦って勝ち続けることができるでしょうか。上から言われた通り素直に動いてくれる社員ばかりを雇用する会社が生き残ることができるでしょうか。

前にも述べましたが、経営とは「人を通して目指す成果を上げる」ことです。社員に、しっかり成果を上げる力が備わっているなら、経営は優れているということができます。したがって、「社員力（社員が成果を出す力）」の発揮が、多くの会社にとって大きな関心事なのです。

仕事での社員力の発揮を考えるに当たって、そもそも人間は、自ら学んで、考えて、判断して行動することができれば、すなわち「自律」することができれば、仕事が面白くなり楽しくなります。考えることは、いちばん人間らしい仕事の仕方だからです。

社員が、今現在の自分の能力を超える仕事に挑戦した結果、その仕事が面白くて楽しいなら、その社員は大いに成長するのではないでしょうか。このように、社員が予想以上に成長してくれるなら、きっと会社も成長するに違いありません。

社員をこうした状況に持っていくには、「社員が自律できる行動環境」が必要です。第四章で詳しく述べますが、行動環境とは、人間に影響を与える周りの環境のことです。したがって、社員が自律できるように影響を与えてくれる周りの環境が整っていれば、高い社員力が期待できます。

この状態では、社員は「仕事のオーナー」になっています。仕事のオーナーとは、この仕事は自分の仕事であると、当事者意識をもって仕事に取り組み、自分で考えて判断して行動できる状態のことです。言葉を換えれば、社員が、高い社員力を発揮している状態のことです。

仕事のオーナーと似ており、一般によく使われる言葉に「会社のオーナー」があります。これは大株主のことです。多くの中堅中小企業では大株主兼経営者のオーナー経営者が会社のオーナーです。会社に対して全責任を負っていることから、命懸けで会社を良くすることに取り組んでいます。自分自身の心血を注ぎ込んでいます。当然のことですが、大きなやりがいを持っています。

一方で、社員は、単に給料をもらうため、決められた時間、やらされ感いっぱいで仕事をする、指示待ち人間、マニュアル人間でいいのでしょうか。それでは、その人の人生が寂しいものになります。また、会社の業績も上がるはずがありません。いかにほかの池クジラ戦略の必須要件が揃っていたとしても、この第五要件が満たされない限り、池クジラ戦略が完成しないからです。

社員が、やらされ感からではなく、主体的に、「これは自分の仕事」と楽しく仕事ができる「仕事のオーナー」の状態こそ、いちばん人間らしく、人間として成長できます。仕事を通して、高次元の幸せ感を獲得することができます。ほかの四つの池クジラ必須要件に加えて、人間本来の力を引き出してはじめて、池クジラ戦略を完成させることができるのです。

こうなれば、会社の業績は、高水準を維持できるに違いありません。したがって、社員が考える葦となり、仕事のオーナーになれる会社の「あり方（目指すあるべき姿）」を、全社を挙げて追求すべきなのです。

五社には自律できる行動環境があった

それでは、すでに紹介した五社において、社員が自律できる行動環境がどのように構築されているかを、以下、確認していきましょう。

東海バネ工業は、まずは経営者が、もっとも大切な経営資源は「人」であると言い切ってくれています。この会社では、自動でものづくりする工作機械に依存せず、ばね職人の手づくりにこだわり、社内資格制度まで設けて、職人の技を磨くことに徹してきました。

仕事の受注面においても微量以外は請けないというビジネスモデル自体が職人技を前提にし

ています。同業他社がギブアップした難しい仕事を、社員たちが考えに考え抜いてやり切っています。納期も、自分たちが守れると宣言した仕事のみ請けています。金額も、最適価格でなければ請けないわけですから、社員の血と汗と涙の結果である仕事は、正当に評価されています。また、顧客から大いに感謝されますから、働きがいはもちろん大きくなります。

東海バネ工業では、どこから見ても、「社員が成長しなければ会社が成長しない」という事業構造になっています。社員は、自分のスキルと才能が会社存立のベースになっていること、自分たちが最高の結果を出してはじめて池クジラが完成することを、十分に理解しているはずです。したがって、池クジラをとことん突き詰めた結果、自律を促進する、働きがいのある行動環境が、自動的にでき上っているのです。

徳武産業は、顧客のどんな難しい要望にも決して〝ノー〟とは言いません。今まで経験したことのないような、靴づくりが困難な障がいを持つ高齢者が訪ねて来ようとも、何とかこの方が歩ける靴をつくろうと考えます。困難に挑戦して社員が考えに考え抜くため、技術力は上がり続けます。

徳武産業の靴には、社員が一つひとつ手書きした「まごころハガキ」をつけています。いったん高齢者施設に入ると、再び家に戻れる人はごく少数なのです。施設の高齢者は、家族に会えず寂しいのです。どうしたらお年寄りに笑顔になってもらえるか、考えついたのが、一枚一枚手書きのメッセージカードをつけて、買ってもらった靴を送るということでした。

また、全商品にアンケートはがきをつけています。お年寄りの声を直に聴くためです。アンケートを返送したお年寄りにはお礼の気持ちとして、お誕生日に手書きのお祝いメッセージとプレゼントを送ることにしています。

こうした社員のメッセージカードやプレゼントに対して、お年寄りから礼状がきます。その数は年間二万枚にも達します。これを、毎朝の朝礼で読み上げているのです。やはり、この会社も、池クジラを突き詰めた結果、自律を促進する、働きがいのある行動環境ができ上っていることに気付きます。

メーカーズシャツ鎌倉は、元々、高級オーダーシャツのユーザーだった顧客に、「こんなに高品質のビジネスシャツが、こんなに低価格で買える」という感動を与えることが池クジラ戦略でした。したがって、店頭での社員の顧客対応力は、顧客の満足度を高めるという意味において、池クジラ戦略の極めて重要な一部を構成しています。

一般の小売流通業は、大半の社員をパート・アルバイトとして採用するのに対して、同社は、原則、全員を正社員として採用しています。元々、デパートで高級オーダーシャツを購入しているようなユーザー層の満足を得るためには、しっかり教育された正社員が必要であると考えたからでしょう。

そんなことから、社員には、顧客に対するお洒落のアドバイザーになってもらおうと、経営者自身が先頭に立ってお洒落とは何かを教育してきました。社員は、顧客が相談したくなるような力を持つことが求められます。まさに、社員が自律できる行動環境があってはじめて、同社の池クジラが完成しています。

さくら住宅は、二〜三万円の小工事にでも面倒くさがらず対応します。たとえ遠方の大きな工事を断ってでも、地元住民の顧客が依頼した小工事に、気持ちよく、こまめに、手間ひま惜しまず、迅速に対応してくれるのです。普通の業者と正反対ですから、顧客は大いに感動します。

地元の顧客はこの会社がなくなってしまっては本当に困ります。どう考えても儲からない仕事に一生懸命に対応してくれるからです。この会社のファンになっているのです。地元の知り合いが、それなりにお金のかかる中規模の工事を考案中と聞けば、直ちにこの会社に紹介します。存続し続けてもらわなければならないからです。したがって、顧客と社員の間では、お互いに「ありがとう」というお礼の言葉が交わされます。

こうしたファンの顧客には、お客様株主になってもらっています。決算内容をうそ偽りなくすべて公開しています。顧客からの要望は株主からの要望です。もちろん誠実に対応するため、ますます顧客のニーズに合致していきます。この会社は、まさに地元住民の会社なのです。お客様株主の立場からしても、利益を上げ続けてもらわなければならない会社です。池クジラを突き詰めた結果、自律を促進する、働きがいのある行動環境が、意識して形成されていることが分かります。

吉村は、構造不況とも言える、全国に八〇〇〇社もあるお茶屋さんの繁盛支援業です。どうすればコーヒーやペットボトルのお茶に押されている「淹れて飲む緑茶」の需要を創造することができるかが仕事なのです。そのためには、最終消費者の声、社員のアイデア等々、関わるすべての人々から情報を集めて提案し続けなければなりません。

この会社では、経営者が解決策を振りかざさないのです。社員の考える力をとても大切にしているのです。現場社員が把握してきた日々の情報を、「五分会議」で全社的に共有します。そして、「ノーベル起案」という制度で、全社員からボトムアップでお茶の需要創造のアイデアを募り続けています。

高学歴の人の方が創造性が高いとは限りません。学歴はなくとも、素晴らしいアイデアを出す社員は多いのです。したがって、「ひらがな経営」という方式を採っています。ひらがなしか読めなくとも、この会社では活躍できるというメッセージなのです。やはり、池クジラを突き詰めている結果、自律を促進する、働きがいのある行動環境が意識的に形成されています。

以上見てきた通り、五社の池クジラ企業では、池クジラを突き詰めた結果、自律を促進する、働きがいのある行動環境が形成されていました。

アワーカンパニーと社員に言わせる会社

ここで本節の最後に、社員の自律を促す上で重要な「社員への利益還元」について、補足として少し述べたいと思います。

社員の会社に対する捉え方として、「マイカンパニー（私の会社）」、「ユアカンパニー（あなたの会社）」、「アワーカンパニー（われわれの会社）」という三つがあります。

社員が会社を、経営者のマイカンパニーであるとか、経営者のユアカンパニーとして捉えているとすれば、社員から、例えば「この会社は、落ちているゴミまですべて経営者であるあなたのものであり、われわれは、単なる、あなたの使用人に過ぎませんね…」という具合に見られているということです。

この場合、社員は、「いくら頑張っても自分たちに利益還元がないのは、経営者であるあなた個人の会社だからですね」と理解します。これでは、社員にやる気など、湧くはずがありません。

一方で、アワーカンパニーとなると違ってきます。「社員は、経営者が自分たちを『ともに働く仲間』として捉えてくれている」と考えるようになり、「自分たちの会社」との理解が進みます。

アワーカンパニーを目指して経理公開している会社は、社員に対する利益還元ルールを明確にすべきでしょう。もちろん、そうは言っても、社員の生活を安定させ、安心させるために、給料は、毎年、毎月、安定して支給しなければならず、会社の利益をストレートに社員の報酬に直結させることは控えるべきです。分配基準には一定の工夫が必要です。例えば、収益の上がった期にすべて分配し切らず、複数年に分けて分配するのも一つの考え方です。

社員が、会社をアワーカンパニーと捉えて、自ら考えて判断して、行動できるような会社に持っていく戦略思考を「自律促進思考」と言います。自律促進思考の成功事例に次記の会社があります。

東京都新宿区に、レーザー機器の専門商社である株式会社日本レーザーという会社がありま す。同社は、二〇〇七年、MEBO（Management Employee Buyout）により、日本で初めて「親会社から独立した社員全員が株主」の会社になりました。

現在の同社株主の約八五%が役員や社員（派遣・パート含む）ということもあり、当然、自主性・自律性が高く、社員全員がオーナー意識を持っています。その結果、この間、様々な有事が起こったにもかかわらず、また商社という性質上、為替相場に大きく左右されるなかでも、二七年連続で黒字経営を継続しています。

近藤宣之会長は、全社員を株主にしたことで、社員たちの、「会社も仕事も自分たちのもの」という意識を、究極にまで高めました。その結果、社員全員が会社のオーナーになった会社、「コーオウンド・ビジネス（社員が所有する会社）」をつくり上げたのです。

社員に、高い自律促進思考を持たせることに成功したことは当然でした。

6. 人を大切にする経営

人はどうすれば仕事を通して幸せになれるか

前節で確認した働きがいのある行動環境は、過去には、今の時代ほど重要視されてはいませんでした。時代の空気感であったり、時代を構成する人々に適応して、経営は、そのあり方を変えてきています。今や、働きがいのある行動環境がないと、経営が成り立たなくなってきています。働きがいの当たり前の水準が、高まってきたからです。

経営とは、「人を通して目指す成果を実現」することです。今の時代、人は、他人から指示されたことを、言われた通りやるような仕事の仕方では本当の意味で目が輝きません。人は、「自分で考えて判断して行動する」状態、すなわち、自律した状態にあっていちばん目が輝きます。

人は、働くに際して、本来、自律した状態を求めます。その上で、「目指す成果」が社会から必要とされているなら、その結果、人のお役に立つことができ、「ありがとう」と感謝されるなら、その人の目は本当の意味で輝きます。これが働きがいのある行動環境ということです。「人を大切にする経営」とは、人、とりわけ社員等の満足や幸せを、最大目的あるいは最大成果と考える経営のことです。単に人を甘やかす経営と間違えてはいけないのです。社員が、自分で考えて判断して、世の中の要請に取り組むことで、人のお役に立ち、顧客はもちろん関係するすべての人々から感謝される、そのように働く行動環境が用意されている経営のことなのです。

人が、仕事を通して幸せを感じるのは、社会の要請に自律的に取り組み、人のお役に立ち、感謝される瞬間です。この、働く人の幸せを追求することこそ、今の時代における最高の経営の「あり方」です。そうした会社であれば、社員をはじめ関係するすべての人々は、みな幸せになれます。

前節までに、五社の池クジラ企業では、池クジラを突き詰めた結果、自律を促進する、働きがいのある行動環境が形成されていることを確認しました。この働きがいのある行動環境が人を幸せにするということを確認するため、さらにもう二社、池クジラを突き詰めた結果、働きがいのある行動環境を実現し、結果的に「人を大切にする経営」が実践されている事例を紹介します。

なぜコープみやざきは圧倒的に支持されるのか

宮崎県宮崎市に、食品、生鮮品、雑貨、衣料品を中心とした共同購入と店舗による供給事業、共済事業、旅行事業、提携事業を行う、生活協同組合コープみやざきという生協があります。現在の理事長は二〇一八年に就任した真方和男氏です。社員（職員）の数は、二〇一九年度末現在で、パート・アルバイト含め合計二〇〇一人です。

法制度的には普通の生協と同じですが、「ここまでやるのか」と、ほかの生協では真似のできないほど、販売業ではなく、購買業に徹した運営をしています。生活協同組合という世界だけで見ても、サービスレベルの高さは断トツなのです。

そのことを確認するため、顧客満足度の高さを見てみましょう。全国各地の他の生協と比べて圧倒的に高いのです。生協総合研究所が二〇一八年に行った全国組合員意識調査において、店舗満足度（満足・やや満足の合計％）で「生鮮食品の鮮度」は全国平均が五五％であったのに対し、同組合は八二％。「品揃え」も、前者が四八％に対し七五％。「商品の単位・容量」も前者が五二％に対し七五％。そして、「職員の対応」も前者が五三％に対し七三％と、いずれも生協の全国平均を大きく上回っています。

一方で、宮崎県というエリアで見てみましょう。宮崎県民の顧客（組合員）は、モノを買う際、当然、当社を一般のスーパーと比較します。二〇二〇年一一月現在、宮崎県民の五四・二％がコープみやざきに加入しています。この県民の半数以上の加入率というのは、日本全体でも圧倒的な高さです。また、九州地区では断トツにトップです。しかも、継続して上昇しています。コープみやざきが、宮崎県民にとって、一般のスーパーと比べものにならないレベルで支持されていることがわかります。

本質的な違いは、「販売業はレジで終わり、購買業はレジがスタート」という言葉に凝縮されています。一般のスーパーでは、レジを通過すると販売は終わりで、もうそれ以上、誰も何も考えません。ところが、コープみやざきでは、レジを通過した後、顧客に買ってもらった商品が、どれだけ家族団らんに役立ちその家庭の幸せにつながったかに、すべての関係者の関心を集める仕組みになっているのです。

したがって、年間八万件の顧客からの喜びや感謝の声を、すべての社員・取引先などの関係者間で共有しています。これにより、顧客の喜びに対する共感が伝わります。顧客は何を喜んでくれたのか、顧客は何に感謝してくれたのか、したがって、今後、何をすれば顧客に喜んでもらえるのかを、関係者全員で共有しているのです。

最大のポイントは、正規・非正規を問わず二〇〇〇人もの社員に、商品の交換・値引き・返品等の裁量権を与えていることです。そのお陰で、顧客は、本来はパック売りされている卵を、一個からでも買うことができます。魚の切り身を「焼いて欲しい」という一人暮らしのおばあちゃんの要望にも応えます。顧客から「マンゴーを試食したい」と言われれば、社員が直ちにその場で切って、試食に応じます。

通常、調理済みの状態で売られている野菜天串を、「家で揚げたいので、原料のまま五本いただけますか」という声に対し、一〇本入一袋で売っているものを五本分で計算して、原料のまま販売します。また、「巻き寿司一〇個入りがあるけど、こんなには食べきれない。減らせないか」という声にも、詰め替えて五個入りで販売しています。

社員を心底信じる経営

裁量権の行使を具体的に言えば、店内で、正規・非正規に関係なく、社員たちが顧客のお役に立つと思ったことは、誰に確認することもなく、即、実行できるということです。二〇〇〇人の大半は非正規社員ですが、株式会社・生協に関係なく、社員と、ここまでの信頼関係を築けるでしょうか。顧客からの声にスピーディに対応できるように、商品の交換・値引き・返品等の判断を、いつでも、どこでも、全社員の誰でもやっていいのです。

いちばん大切なことですが、社員は、裁量権を行使して仮に失敗しても、誰からもその失敗を責められません。お蔭で社員は、八百屋のオーナーであるおやじさん、おかみさんのように、顧客に寄り添うことができているのです。

八百屋のおやじさん、おかみさんは、景気の変動や野菜の不出来で売り上げが減ったり、また近くにスーパーなどができて利用客が減ったりしても言い訳せず、顧客に喜ばれるように、自分たちでできることを一生懸命やっています。そして目先の利益ではなく先々を考え、ずっと商売として成り立ち続けるよう日々工夫・努力をしています。コープみやざきは、そういった感覚をとても大事にしているのです。

このように、コープみやざきでは社員を心底信じているのです。経営者が、人を大切にする「魂」を内に秘めてくれているからできることです。自分で考えて判断して働く、自律できる行動環境があります。働きがいがあります。社会から必要とされ、お役立ちでき、顧客から「ありがとう」と感謝されています。

コープみやざきが、人を大切にする経営を実践してきたことを社員はよくわかっています。社員たちは、涙を流して、このような環境で働くことができている自分たちの幸せをかみしめてくれているのです。

特殊銅合金業界のトップクラス・大和合金

大和合金株式会社という会社があります。埼玉県入間郡三芳町に所在し、社員数一四五名、売上六〇億円と、規模は中堅中小サイズですが、特殊銅合金業界では世界トップクラスの企業です。

同社の強みとして、溶解・鋳造・鍛造・熱処理・加工・検査・出荷という一貫生産体制をまず挙げることができます。特殊合金を製造するすべてのプロセスを自社内で完結できている会社は、世の中にほとんどないのです。お蔭で、同業他社ではできない、顧客が求める、「強度・硬度・靭性などといった材料の性質」の実現という課題に応えることができます。多品種少量生産を得意とし、超短納期に応え、規格に合わない細かなカスタマイズまで対応できています。

大和合金が発明した、実用化できる銅合金としては世界一強いフラッグシップ製品であるNC25をはじめ約一〇〇種類の合金を、自動車・鉄道・航空機・半導体・エネルギー業界に提供しています。例えば航空機では、着陸時の強い衝撃に耐える必要のある軸受などに使われています。

使用量が少なく用途も限定されるため、業界では、誰もやらない、やろうとしない、やりたくてもやれない、どこも引き受けてくれない銅合金の開発製造に取り組んで来ました。同業他社では提供できない素材のため、世界中から需要があり、NC25を例に挙げると、売り上げに

ご購読ありがとうございました。今後の出版企画の参考に
致したいと存じますので、ぜひご意見をお聞かせください。

書籍名

お買い求めの動機

1　書店で見て　2　新聞広告（紙名　　　　　　）

3　書評・新刊紹介（掲載紙名　　　　　　）

4　知人・同僚のすすめ　5　上司、先生のすすめ　6　その他

本書の装幀（カバー），デザインなどに関するご感想

1　洒落ていた　2　めだっていた　3　タイトルがよい

4　まあまあ　5　よくない　6　その他(　　　　　　)

本書の定価についてご意見をお聞かせください

1　高い　2　安い　3　手ごろ　4　その他(　　　　　　)

本書についてご意見をお聞かせください

どんな出版をご希望ですか（著者、テーマなど）

郵便はがき

料金受取人払郵便

牛込局承認

9410

差出有効期間
2021年10月
31日まで
切手はいりません

162-8790

東京都新宿区矢来町114番地
神楽坂高橋ビル5F

株式会社ビジネス社

愛読者係 行

ご住所 〒 TEL:　（　）　FAX:　（　）		
フリガナ お名前	年齢	性別 男・女
ご職業	メールアドレスまたはFAX メールまたはFAXによる新刊案内をご希望の方は、ご記入下さい。	
お買い上げ日・書店名 年　月　日　市区町村　書店		

占める海外の割合が九〇%を超えています。金額的に小さくても、本当に困っている特定の顧客にとって、同社はなくてはならない存在なのです。これは、誰かが解決してあげないといけない、社会的な課題です。

大和合金では、NC25はコロナ禍という有事においても、年々、売り上げが増えました。世界中を探しても、ここまで強い実用に耐える銅合金はないので、一旦使っていただいた企業は、間違いなくファンやリピーターになるのです。そして、そうしたファンやリピーターが、年々、座布団が積み上がるように増えてきています。顧客は、ほかの誰も提供できない独自の価値によって、深く喜んでくれているのです。

人生における自信と誇りを得る場

社員は、自分たちが顧客にお役立ちできていることを知っています。なぜなら、顧客が、直接あるいは間接に、「ありがとう」と感謝してくれているからです。社員は、企業規模は小さくても、大きな働きがいを得ています。

大和合金では、顧客は、同業他社の商品・サービスでは得られない独自の価値を手に入れることができます。したがって、当然、感謝してくれます。顧客は、会社や社員を信頼してくれ、大切に思ってくれます。そうした顧客は、必ずリピーターになってくれます。

こうした顧客が増えてくると、社員にとって、この会社はなくてはならない仕事人生のプラットホームです。同業他社では得られない働きがいがあります。この会社で働きがいのある仕事に従事できることは人生における「自信」です。「誇り」でもあります。

そんなふうに自信を持てるようになった社員の幸せを、周りのみんなが一緒になって喜んでくれる社風があります。家族や友人に対して「自分はこんな会社で、こんなに価値のある仕事をしている」と自慢することができます。

大和合金では、例えば、食堂のおばさんの息子が間もなく高校を卒業すると聞くと、会社は「ウチに連れて来いよ」と採用してくれた歴史があります。社員は、家族・親戚・友人を次々と会社に紹介します。会社も、「二〇四一年の一〇〇周年記念のときは、親・子・孫と三世代揃った社員みんなで祝おうよ」と言ってくれます。経営者が、人を大切にする「魂」を内に秘めてくれているからできることです。

二〇二〇年のコロナ禍では、航空機に力を入れ海外展開していた大和合金は、当然、かなりの影響を受け、売り上げは十数％下がってしまいました。過去に経験したことがない事態に、社長は思い悩みました。そんな状況を察知した社員たちは、知恵を出し合い、努力を重ねてくれました。その結果、会社の利益は前期並みを維持できたのです。

経営者は、社員たちに心から感謝しました。経営者が人を大切にする経営に取り組んできた結果、大和合金は、いつしか社員たちのアワーカンパニーとなり、社員たちが経営者の思いに応え、会社を支えてくれていたのです。

以上の事例から、あることを確信できます。それは、「強くて愛される会社」を目指し、池クジラ戦略を突き詰めると、社員が仕事を通して幸せをつかむことができ、いつしか、会社は、「人を大切にする経営」をも実現してしまうということを、です。

第三章

どうすれば、〝池クジラ〟戦略で、業績アップを実現できるか（ノウハウ、仕組みづくり）

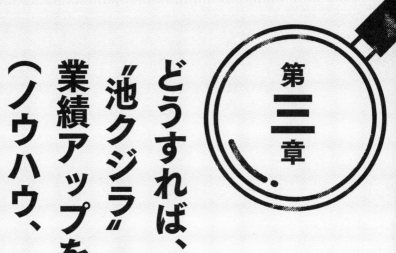

さて、いよいよ、池クジラ戦略を皆さん自身の手で立案することにします。いろいろなアイデアが出てきていると思います。しかし、単なるアイデアだけでは成功できません。本章では、具体的な池クジラ戦略を策定する際に、外してはいけない、必ず確認しなければならないポイントを示します。「やり方＝方法論」ではありません。「あり方＝本質論」を考えていきたいと思います。どうすれば正しい戦略に到達できるか、どのような手順で進めればいいか、勝ち残れる戦略の本質を検討していきましょう。

1. やらないことを決めているか

視点は目先でいいのか

どんな会社でも売り上げは欲しいものです。会社として、「顧客」と「提供価値」を絞り込んでいても、大きな売り上げにつながるのであれば、たとえ、その絞り込みから外れていても、その売り上げを追求したくなるものです。みすみす、大きな売り上げのチャンスを逃すなんて、なかなかできる芸当ではありません。

ビジネスパーソンとして、経営者として、絞り込んだ的から多少外れていたとしても、大きな売り上げのチャンスであれば追いかけてしまいます。顧客からお願いされてしまうと、なかなか断りにくいのも事実です。

しかし、そうした仕事を、本当に受けてもいいのでしょうか。われわれにとって、目先の売り上げが大事なのか、あるいは、長期に継続するファンをつくることが大事なのかです。稼ぐ力の高い会社は、目先の売り上げに翻弄されず、長期的視野に立って、自社の独自コア能力を磨き、ファンづくりを徹底しています。中途半端なことはせずに、池クジラを完成させるまでやり切っているのです。

ファンをつくるためには、企業として、相当レベルの高い、独自コア能力を身につけなければなりません。「それがあるからファンができる」という能力のことです。目先の売り上げに翻弄され、絞り込んだ的以外の目先を追い続けている限り、独自コア能力はなかなか完成しないのです。

したがって、目先に翻弄されず、池クジラを追求し突き詰めるために、まず、「何をやらないのか、やらないことをしっかり決める」ことが大切です。

やらないことを決めるから目先に翻弄されない

すでに見た通り、東海バネ工業では、価格競争はしません。価格で折り合わない仕事は受けないからです。また、微量（五～一〇個くらいまで）より多い注文は受けません。自社より同業他社の方が得意だからです。さらに、納期を守れない注文は受けません。こちらが指定した納期で納得してもらえる仕事のみ注文に応じているからです。そして、工作機械に依存しません。職人技で勝負しているからです。

徳武産業でも、価格競争はしません。また、どんな難しい要望にも〝ノー〟とは言いません。新しい困難に挑戦して、パーツオーダーシステムを次々と進化させようと考えています。そして、特許は取らない方針です。他社に真似をしてもらえるのは大歓迎だからです。高齢者用ケアシューズ市場に参画してくれるプレーヤーが増えた方が自分たちの池が広がります。また、自社以外のメーカーの製品であっても、「自分の足に合う靴がない」からと困っている高齢者が一人でも多く笑顔になってくれれば、それは、大変嬉しいことだからです。

メーカーズシャツ鎌倉では、無理に出店して規模の拡大を追わない方針です。商品に自信があることと、すべての消費者を対象とはせず、その商品のよさをわかってくれる人たちのみに訴求、気づいてもらえればよいと考えているからです。また、値引きもバーゲンセールもやりません。顧客に売りつけるという考え方がないからです。同様に、広告宣伝はやりません。販売促進して、無理やり売るという考えがないからです。そして、メイド・イン・ジャパンという品質にはこだわっています。それが自社の核心となる存在意義だからです。

さくら住宅でも、同業他社が嫌がる小工事を断らないと決めました。顧客がいちばん求めている、顧客にいちばん喜んでもらえることだからです。遠方の工事はやりません。自分たちに期待している、地域の顧客に対する工事を最優先することが池クジラ戦略だからです。その結果、値引き要求はなくなり、価格競争しなくて済むようになりました。これにより、社員や職人の努力に対して物心両面から報いることができるようになったのです。

吉村では、量産はしないと決めています。個々のお茶屋さんの需要には、小ロット適量生産でないと対応できないからです。また、単なるパッケージ印刷はしないと決めました。ものづくりだけではなく、それにサービスを付加して顧客の繁盛を支援しなければ喜んでもらえないほど顧客が困っているからです。さらに、下請けにはならず安売りもしません。一貫生産体制を構築し、すべての工程を内製化したことで、下請けになることもなく安売りをする必要もない状況を作り上げています。

以上のように、強くて愛される会社は、池クジラ戦略を突き詰めた結果、やらないことを決めました。お蔭で、目先に翻弄されなくなっているのです。

2. 顧客を絞り込んでいるか

深く満足させるべき顧客は誰か

池クジラとは、大企業と棲み分け、特定市場（池）で獲得する圧倒的なナンバーワンやオンリーワンのポジション（クジラ）のことです。また池クジラ戦略とは、その池で圧倒的なポジションを築き上げる結果、同業他社と価格競争する必要がなくなるということでした。

池の選択で、まずいちばん大切なことは、誰を深く満足させる顧客にするかということです。一般に、顧客がわれわれを選ぶと考えますが、池クジラ戦略では、われわれが深く満足させる顧客を誰にするかを選ばなければなりません。経営資源が限られている以上、すべての顧客を深く満足させることはできないからです。深く満足させるべき顧客とは、長期にわたって、会社の「ファン」になってもらえる人々のことです。

われわれの池が小さいということは、顧客が特定されているということです。その顧客を、ほかの誰にもできないくらい、深く喜ばせる必要があります。ファンになっていただく必要があります。

そして、どうすればその特定の顧客を喜ばせることができるかを突き詰める必要があります。どうすれば顧客を喜ばせるための能力を、さらに一層磨くことができるか、事業の本質をとことん見極めるのです。もし、その顧客を深く喜ばせる力を身に付けることができそうになければ、ファンになっていただけないわけですから、顧客を見直さなければなりません。

池クジラ戦略を採る会社は、特定の顧客が認めてくれる「価値」を生み出す必要があります。特定市場（池）の顧客には、商品・サービスそのものではなく、まさに提供する価値を買っていただくことになるからです。したがって、ファンになっていただける顧客とはいったい誰なのか、厳密に定義する必要があるのです。

一方で、ファンになっていただくことが難しい顧客は誰なのかも知る必要があります。そして、われわれにとって大切なファンになっていただく顧客を、どれだけつかむことができるかは、目先の売り上げや利益よりも、はるかに大切なことです。

五社はどのようにして顧客を選んだのか

東海バネ工業が対象とする顧客は、多品種でかつ微量の、難易度が極めて高いばねを求めている企業並びに個人です。普通で考えるといちばん割に合わない、同業他社の誰もがやりたがらないニーズを持った人です。

徳武産業が対象として、深く喜ばせようと考えている顧客は、足に何らかの不自由を抱える高齢者や障がい者の人です。

メーカーズシャツ鎌倉が対象とする顧客は、今まで高級なオーダーシャツを購入してきたお洒落なビジネスシャツのユーザーです。あるいは、そのようなお洒落をしてみたいと潜在的に思っていた人です。

さくら住宅が対象とする顧客は、気持ちよくこまめなリフォームにも迅速に対応してくれることを心から望んでいる地元住民です。この地元とは、本社やそれぞれのお店から、三〇分以内に駆けつけることができる地域のことです。

吉村が対象とする顧客は、構造不況の真っ只中にいる、全国八〇〇〇社の緑茶の卸売・販売業者です。食品包装資材を扱う同規模の同業他社にしてみれば、誰もやらない、やりたくない、右肩下がりの事業分野でした。

五社とも、自分たちの対象として深く喜ばせようと考えている顧客を、しっかりと定義しています。

一般の、事情がよくわかっていない人からすれば、五社の顧客はすべて少し面倒くさく思える、手を出しにくい顧客に見えるに違いありません。それぞれ社会的課題を抱えているからです。しかし、だから使命感が湧いたでしょうし、池クジラになる大きなチャンスがあったのではないでしょうか。

3．提供価値を絞り込んでいるか

どうすれば顧客に深く喜んでもらえるか

特定の顧客を、ほかの誰にもできないくらい深く喜ばせるためには、ファンになっていただく顧客が何を価値と考えているかを知る必要があります。そのためには、顧客が認める価値を、こちらで、勝手に想像したり臆測するのではなく、実際に、その顧客の声に、耳を傾ける必要があります。

われわれだけが満たすことができるニーズ、満足、メリットは何か。顧客にとっての期待は何か。顧客の期待に応えることができるわれわれの能力は何か。顧客が惰性になっているため今のところ気づいていないが、このままではだめで、正さなければならないものは何か。そのために必要なわれわれの能力は何か。顧客が日ごろ言っていることは何か、等々について、知らなければならないのです。

五社は提供価値をいかに絞り込んだか

東海バネ工業にとっては、最適価格と納品スケジュールを提示した上で、単品あるいは微量であっても、細かいニーズにも応えて求める仕様を満たしている、高品質のばねの機能です。

徳武産業においては、高齢者の事情をよくわかってくれながら介護ニーズを反映させた靴による、転ばないこと、履けること、歩けること、居場所を特定できることです。

メーカーズシャツ鎌倉にとっては、オーダーシャツと同等の品質でありながら驚きの低価格で提供される、自分の身体にぴったりフィットするお洒落です。

さくら住宅では、小工事であっても、手間ひま惜しまず迅速に対応してくれる、まるで、自分の家のかかりつけ医のように親身な、住宅リフォームです。

吉村は、茶葉の販売促進に精通しており、かつ、数多くの事例に寄り添っているため、その情報と経験をベースにしたパッケージ製作などによる、茶葉の販売促進です。

五社とも、自分たちの提供価値が何かをしっかりと定義しています。この価値により、いかに顧客を深く喜ばせるかを徹底的に追求しているのです。

提供価値は、顧客が誰かを特定できれば、後は、こちらに何ができるか、どういった能力を獲得できるかによって、ある程度推測はできます。しかし、しっかり顧客の声に耳を傾け続けるのが大切なことです。

4. 独自コア能力（明確な強み）を築いているか

事業価値の源泉は何か

われわれがファンにしたい顧客に、「提供価値」を生み出すために必要な独自コア能力は、池クジラを目指す企業にとって最も大切なものです。

自社においてどのような条件が整えば、同業他社が手に入れたくてもなかなか手に入れることができない、自社の独自能力を手に入れることができるのでしょうか。競合他社を圧倒する、真似をしようとしてもなかなか真似のできない独自の能力であり、自社の事業価値の源泉となるものを…。

なかなかイメージし難いかもしれませんので、早速、すでに紹介した事例企業の場合はどうだったかを見ていこうと思います。

五社の独自コア能力を振り返る

東海バネ工業では、まず、熟練職人の技術を解析してデータベース化したことが決定的に重要でした。このデータベースのお蔭で、受注管理システムから納期と見積価格を、顧客に即座に回答できるのです。さらに、約二〇〇〇種類の適正在庫を持つことにより、過去にオーダーがあった類似の注文に対して、即座にものづくりに対応することができます。さらに、結果として、営業の省力化にも成功しています。明らかに、仕組みが素晴らしかったということです。仕組み由来の事業価値の源泉です。

ばね職人たちは、同業他社ではやれない極めて難しい特殊事情のばねに挑戦し続けているため、高い技術力が身に付いています。人由来の事業価値の源泉です。給料をもらうためにだけに働く普通の職人とは決定的な差が生まれています。

徳武産業では、足に何らかの悩みを抱えている人には、片足販売も必要だとの革命的な発想から、一歩踏み出して、パーツオーダーシステムを考案しました。同社の志の高さを示しています。しかし、これだけでは同業他社が真似をしようとすれば真似できるかもしれません。仕組み由来の事業価値の源泉だからです。

なかなか真似ができないと思えるのは、お買い上げいただいた靴に、「まごころハガキ」を添えて送っていることです。アンケートに応えてくれた顧客に、手紙を添えてプレゼントを送る仕組みをつくり上げていることもそうです。年間二万通の礼状を顧客からもらえる仕組みは、打算や計算という、常識のビジネスではできないことです。

これにより、社員の心に、高齢者に対する感謝の心、真心が、育まれています。そして、顧客と心の交流が生まれています。やらされ感からではない自律的な思いやりが、社員の心の中に育っている、人由来の事業価値の源泉です。

メーカーズシャツ鎌倉では、中間卸を中抜きする「SPA（製造小売り）」を採用したことから「上質なシャツを低価格で提供する」という価値の創造に成功しました。さらに、SPAを採用しつつ、最高技術を持つ国内縫製工場と連携できたことは、商品の最高品質を確保する上で不可欠でした。鮮やかな仕組み由来の事業価値の源泉です。

また、「サイズ売り」という販売方法も革命的でした。既製シャツでありながらより多くの体型の顧客にフィットできています。さらに、現金販売・現金支払いも、このビジネスモデルに必要不可欠でした。ともに、仕組み由来の事業価値の源泉です。

人由来の事業価値の源泉もあります。販売員をすべて正社員としたことが計り知れない効果を生み出しました。顧客に心の満足を実感させ、信頼を獲得してくれています。

独自コア能力は〝仕組み〟と〝人〟に由来する

さくら住宅では、今や小工事は赤字ではありません。小工事でも黒字化できる施工管理力を身に付けています。また、完成工事台帳をうまく活用しているため、すべての工事を黒字化する現場管理能力が育ちました。二宮氏が財務に明るいため生まれた仕組みですが、社員たちが赤字を回避するように育ってくれたことが、仕組み、かつ、人由来の事業価値の源泉になっています。

また、この業界では、職人がどれだけモチベーション高く頑張ってくれるか、どれだけ安心して、気持ちよくついてきてくれるかが極めて重要です。職人にはオール現金払いをしていますが、誠意を示す基本的な姿勢と言えるでしょう。職人との信頼関係は、外部の人を巻き込んだ人由来の事業価値の源泉になっています。

さらに、お客様株主制度で、ファンの顧客を株主化する制度が整ったことは決定的なことです。普通の会社では、顧客を株主にするまでの勇気を持てません。しかし、さくら住宅では、この制度のお蔭で顧客から絶大の信頼を獲得し、次々と新規顧客を紹介してもらえる仕組みができあがりました。お客様株主制度の仕組みは、外部の人まで巻き込んだ、仕組み、かつ、人由来の事業価値の源泉と言えます。

吉村では、小ロット適量生産のため、デジタル印刷システムをはじめとする一貫生産体制を整備しました。さらに自前でデザイナーを確保しました。個々のお茶屋さんに繁盛支援の提案をするためには、その前に、生産設備もデザイナーも、自前で準備しておく必要があったからです。これは、仕組み由来の事業価値の源泉です。

最終消費者をはじめ、関係するすべての人から現場社員が把握した情報を、五分会議を通して全社員で共有しています。さらに、そうした情報をベースに、ボトムアップ方式で「ノーベル起案」を仕組みとして行っています。そこから、お茶屋さんに対する繁盛支援のアイデアを募り続けているのです。これは、仕組み、かつ、人由来の事業価値の源泉と言うことができます。

さらに、全国八〇〇〇社のお茶屋さんに次々と提案しています。業界での成功例・反省例をすべて織り込んで次なる販売促進提案ができます。これは顧客を、全国のお茶屋さんに絞り込んでいるがゆえに可能になっています。同業他社にはこうしたノウハウもなく、とても真似ができません。こうしたノウハウは、お茶屋さんに特化してきたことに基づきますが、基本は人由来の事業価値の源泉です。

以上、五社の事例につき、重ねて紹介しました。これにより、独自コア能力の何たるかをイメージできたのではないでしょうか。

共通していたものは、独自コア能力には、「仕組み由来」と「人由来」という、二種類のものがあったということではないでしょうか。この二つの観点から、自社の独自コア能力を構築し、事業価値の源泉にするといいと思います。

5. 短期利益に惑わされず、長期安定利益を追求しているか

目指すは短期視点か長期視点か

次に、「池クジラ戦略」の成果として何を求めればいいかについて考えてみたいと思います。一般に経営の成果は、「会計上の利益」で測ります。これを経営の目標とするのがいちばん明確だからです。「稼ぐ力」と言い換えてもいいかもしれません。

しかし、単純に「目先の利益」を成果と考えて目標にすれば、社員たちの働き方はワーカホリック的になり、疲弊し、誰も幸せにはなれず、元も子もなくなるケースが多いのも事実です。手段のはずだった利益が目的になってしまうからです。

そもそも事業活動の目的は、社員も顧客も取引先もすべての人を幸せにすることです。そのためには、長期安定利益を目標にすることがいいのです。誰だって、そんなことよくわかっています。しかし、目先の利益はどうしても気になります。

ところが、目先にこだわればこだわるほど「長期安定利益」は遠ざかって行ってしまいます。長期安定利益は、社会的課題を解決するからこそ、また、そうした課題を抱えている誰かが喜

んでくれるからこそ、長期にわたり安定して獲得できるものです。

長期安定利益を追求する

長期安定利益とは、

①社会的課題である困り事を見定め、
②その課題を抱えている見込み顧客を絞り込み、
③見込み顧客に直接聴いて提供する価値を確認し、
④その価値を生み出すために何が必要かを見極め、
⑤資金を集めてヒト・モノ・情報に投資し、
⑥自社独自のコア能力である事業価値の源泉を築き上げ、
⑦事業活動を通して顧客の課題を解決し続けることにより、
⑧結果的に得られる、長期にわたって安定した利益。

のことです。

いわゆる利益、すなわち、目先の利益（短期の利益）を直接追いかけていたのでは、独自の事業価値の源泉を築き上げることができず、経営者も社員も、誰もが安心して生活を送れる、余裕を持った会社運営ができません。短期利益を追いかけることと、長期安定利益を追求することとの間には、天地ほどの違いがあります。どちらが人を幸せにしてくれるかは明らかです。

長野県伊那市に業務用・家庭用寒天の製造販売を行う伊那食品工業株式会社という会社があります。それまで相場商品と言われ、価格が安定せず、また用途も限られていた、従来型の寒天事業に、当時の社長だった塚越寛氏は限界を感じていました。

塚越氏が、もし短期視点の経営者だったら、相場商品の寒天を、例えば、相場が一万円のときに買い入れ、相場が一万五〇〇〇円と高くなったところで売り抜ける、相場を睨みながら目先で五〇〇〇円を儲ける、利益を目的とした「普通のお金儲けが目的の事業」にのめり込んだに違いありません。

ところが、実際には、塚越氏はまったく逆の発想をしたのです。寒天を産業財とするためには価格の安定が必須でした。寒天の価格を安定させるには、国内材料から発想を広げ、海外三カ所から材料調達の道を開きました。

その上で、寒天の価格が高くなれば、海外から調達した寒天材料を市場に大量に供給し、寒天の価格が安くなれば市場から大量に買い入れることで、寒天の相場価格を安定させたのです。これにより、寒天は産業財化しました。そして、「寒天の用途開発」という新たなビジネスモデルの展開を決めたのです。

そのために必要な独自コア能力は、世の中のお役に立つ新商品を開発し続ける社員の創造力でした。人由来の事業価値の源泉です。研究開発部門を結成し、「君たちが、世の中のお役に立つ商品と考えるならそれを信じて、寒天を材料とする商品開発を許可する」と、開発部門の社員にすべてを任せたのです。このときの、長期安定利益を追求しようと考えた塚越氏の判断が、伊那食品工業を長期にわたって繁栄させる礎となりました。

では、塚越氏に、なぜこうした大局的、かつ、長期的な視野からの判断ができたのでしょうか。一七歳のとき大病を患い、三年間入院して生死をさまよう体験がありました。その間に、ものごとを深く考え、本質を見極める訓練を積みました。人間的に、大きな成長があったからこそできたのではないでしょうか。

長期視点は日本人の伝統的思考

長期に安定した利益を獲得するには、上記の事例のように、事業を、じっくり構想して覚悟を持って育てる必要があります。長期視点から構想して計画を練り、必要な投資をやり続けることが重要なのです。

事業も社員も、長期視点から時間をかけて育成するのです。ファン・顧客や安定した事業基盤を、やはり、長期視点から、時間をかけてじっくり育てていかなければなりません。社員と、取引先と、顧客と、地域社会と、まずは信頼関係を構築するところから始めることになります。

目先の浮利を追わず、社会のお役に立とうと考え、長期安定利益を結果として追求することが正しい池クジラ戦略です。そのプロセスで、マイルストーンとも言うべき、定性的・定量的な経営目標を掲げ、まずはそこから達成しようと考えることが長期安定利益への近道なのです。

定性的・定量的な経営目標を追求していく中で、最終的に長期安定利益にたどり着くのです。安定した利益が長期にわたって確保されているなら、ビジネスパーソンに、精神的な余裕が生まれます。心に余裕がないと「貧すれば鈍す」となり、いいひらめきが生まれません。会社として、この精神的な余裕を生み出すことは極めて重要なことなのです。

経済的な余裕があれば精神的な余裕が生まれるはずです。経済的な余裕があれば時間的な余裕を創り出すこともできます。長期の視点から時間をかけてじっくり考えないと、持続可能な会社にはなれないのです。

江戸時代末期の篤農家で、実践的な思想家でもあった二宮尊徳の、次の言葉は参考になります。

遠きをはかる者は富み　近くをはかる者は貧す

それ遠きをはかる者は百年のために杉苗を植う。
まして春まきて秋実る物においてをや。
故に富有り。
近くをはかる者は　春植えて秋実る物をも尚遠しとして植えず
唯眼前の利に迷うてまかずして取り
植えずして刈り取る事のみ眼につく。
故に貧窮す。

この言葉から明らかなように、長期視点からものを見るという考えは、私たち日本人には昔から根づいていました。

一方で、短期視点は、昨今、世界の潮流になっています。日本でも、上場会社などでは、四半期決算報告などにより、株主から短期利益が強く求められています。経営者の任期が四～六年と短いこともあり、急いで成果を上げようと短期の視点に陥り、翻弄されてしまうようです。

しかし、こうした考え方に影響されすぎてしまうと、しっかりした事業価値の源泉を築くことができず、有事に際しリスクが高い事業構造に陥ります。今や、短期視点は、行きすぎた考え方だと、世界的に反省機運が生まれているわけですから、決して惑わされないように気をつけてもらいたいと思います。

むしろ、有事に強くなるためには、長期視点から事業構造を考えるべきです。このためには、すでに紹介したストックビジネスなどの安定基盤思考が大切です。この考え方に従った事業構造ができ上がれば、精神的な余裕が生まれ、常に長期視点でものを考えることができるはずです。

また、顧客からのWTP（喜んでお金を支払ってもらえる状態）は、長期安定利益を獲得するプロセスにおける、なくてはならない必須のプロセス指標であり、大変重要だと思います。

6. 池クジラ構築に向け、仕組み化しているか

池クジラのための仕組み化

池クジラ戦略を成功させるには、通常、仕組みが必要になります。池クジラを高いレベルで維持するには、仕組みを構築し、うまく運用し続ける必要があります。この、仕組みを構築し、それを高いレベルで運用することを、本書では「仕組み化」と呼びます。

それでは、どのような仕組み化を実現すれば、池クジラ戦略を成功させることができるので

しょうか。

以下に、五つのパターンを質問形式で掲げてあります。具体的な事例を紹介しながら、説明します。実行しなければならない仕組み化があれば、ぜひ、参考にしてください。

仕組みは、単に構築すればいいということではなく、高いレベルで運用して、その効果を継続的に獲得してもらいたいのです。

経営理念・ビジョンの共有

① 社員が、経営理念やビジョンの意味を深く理解し、共感するための仕組み化は行われているか

沖縄県那覇市に、医療機器、補聴器、聴能訓練器などの販売、修理を行う株式会社琉球補聴器という会社があります。沖縄県内に八店舗を展開していますが、同社を有名にしているのが魂のこもった朝礼です。朝礼をやっている企業は数多くあります。しかし、参加者同士、お互いの心がこれほど通じ合った朝礼にはなかなか巡り合えません。

この朝礼は、八店舗をオンラインでつなぎ、毎日約一時間、理念を共有し社員の一体感を高めるために行われています。社員が持ち回りで進行し、その内容は社訓（クレド）などの読み合わせとともに、業務連絡、挨拶訓練、接客ロールプレイング、フリートークなど、社員たち

のモチベーションや健康状態をともにシェアしながら、信頼関係の構築、生産性の向上につながるものです。

一方で、補聴器が必要な顧客は、不自由やつらい思いを経験している方が多いのです。したがって、社員たちが元気になれていなければ、顧客に販売することも、顧客に元気をおすそ分けすることもできません。したがって、毎朝、社員同士で元気のスイッチを入れ合うことも朝礼の目的の一つです。

森山賢社長が、ここまで徹底して経営理念やビジョンの意味を全社員に理解させ、共感させなければならないと気づいたのは、自分が、子供のころから父親との関係性が良くなかったことと、社長に就任してから四年目の、全社員研修で体験した、ある出来事によってです。

森山氏の少年時代、父であった創業者の現相談役は、家庭を顧みず、猛烈に働いていました。自分と母を寂しがらせた父を、森山氏は嫌っていたのです。しかし、大好きだった母は、五七歳で他界してしまいました。それをきっかけに、森山氏は、母が心から愛したものを自分も愛そうと考えたのです。

「母が愛していたのは何か」と考えたとき、それが父だったことに気づきました。そして、自然な流れで父の会社に入社したのです。

当初はなかなか父親に対して素直になれず、「会社に入ってやった」という気持ちがありました。そして、それが、社長就任から四年目の全社員研修で、大きな問題となって現れたのです。研修の中で、社員全員から無記名だったとはいえ、「社長には愛情がない」「社長のリーダーシップが弱い」「社長は本音で語り合える社風を作っていない」「相談役（創業者）と社長では思いに差がある」と、次々と厳しい意見が出されたのです。

森山氏は膝をつき、大粒の涙をこぼしながら社員に謝りました。

しかし、よくよく考えてみれば、「自分に対する批判は、自分に変わってほしいという期待の裏返しだ」ということに気づいたのです。そこで、負の気持ちを感謝に変えていきます。そして、この事件をきっかけに、社員を大切にしようという気持ちが芽生えたのです。

森山氏も、こうした様々な経緯があったからこそ、父が作った理念を基にして、二年がかりで社員とともに社訓を作る、という執念が生まれたのでしょう。できあがった社訓には、森山氏と社員たちの思いが詰まっていました。それ以降、毎朝、約一時間朝礼を行い、その社訓を社員たちと共有し、一体感を高めるようになったのです。

直接、顧客の声を聴く

②　自社の商品・サービスに求められる価値を、顧客の声から分析する仕組み化は行われているか

図表6　徳武産業の池クジラ開発プロセス

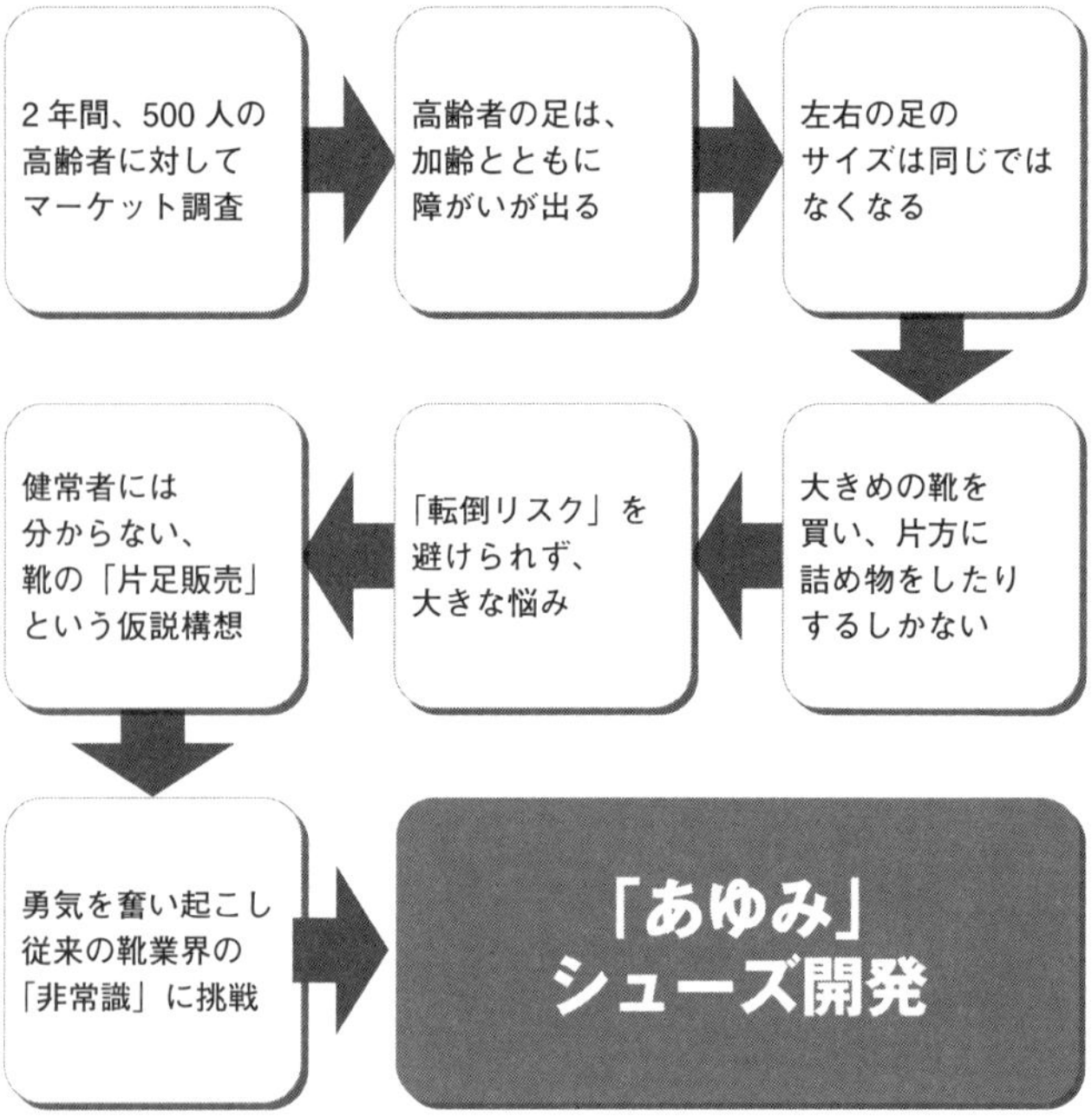

先に紹介したように、徳武産業のケアシューズ「あゆみ」は、十河孝男会長の二年間にわたる、実に五〇〇人もの高齢者に対して行ったモニタリング調査から生まれたものです。この調査は、ある老人介護施設を運営する友人からの、「入居しているお年寄りがとにかく転倒します。あなたのところで何とかならないでしょうか」という依頼から始まりました。

実際にお年寄りの声を聞くと、「転倒しない靴が欲しい」「踵がしっかりしている靴が欲しい」「多少、値段は高くてもかまわないので、左右のサイズが違う靴が欲しい」などという具体的ニーズが集まりました。このように集まったニーズを形にしたのが「あゆみ」シューズだったのです。

顧客の声を聴く調査をここまで徹底して実施していなければ、業界の非常識にあえて挑戦するまでの信念が生まれていなかったかもしれません。もしそうであれば、徳武産業の「あゆみ」シューズは、ここまでのヒット商品に育っていなかったかもしれないのです。下請けの悲哀をなめていた苦しい時代をばねにしたからこそ、執念が生まれ、成功できたに違いありません。

ちなみに、その後もお年寄りの声を聴き続け、直接、顧客の声を聴くという仕組みの、たゆまざる改善改良を継続しています。

マーケティングの必要性

③ 見込客に、自社の商品・サービスの良さや優れた点を理解してもらう仕組み化は行われているか

東京都墨田区に、透明石けんおよび化粧石けん製造販売・スキンケア化粧品の製造販売を行う松山油脂株式会社という会社があります。一九九四年、松山剛己社長が入社した父親の社長時代には、大手から自立できない、他社依存の下請けメーカーでしかありませんでした。

そこで、松山氏は「他社に依存せず、自分たち固有の価値観で、自律した経営のできる会社にしたい。人に命令されたり縛られたりせず、自社単独で方針を決め、価格決定権を持ちたい」と、自社ブランドづくりを強く推し進めることを決意しました。

ただ、下請企業であった松山油脂には営業パーソンはおらず、当然、人とお金に限りがありました。自分自身で営業するしかない松山氏にしても、多忙なため、それほど多くの時間をマーケティング活動に割くわけにはいきません。

そこで考えたのが、広告宣伝のコストを一切かけずに営業するにはどうすればいいかということでした。考えに考え抜いた松山氏は、大手雑貨専門店のフロア担当者に着目しました。彼ら彼女らは、購買決定権を持っていたからです。

松山油脂には、消費者に、直接自分たちの商品の価値を十分理解してもらえる機会はありませんでした。そこで、その代わりとして、消費者の代弁者でもあるフロア担当者に、自分たちの商品の価値を理解してもらうことにしたのです。そして、彼ら彼女らの感想を、次の商品開発に活かすことにしたのです。

消費者の代弁者であるフロア担当者に、自分たちの商品の価値を十分理解してもらい、さらにその意見を反映したこともあり、松山油脂の商品は大いに売れました。フロア担当者が、その商品の良さを十分に分かっていたからです。そして、その店の業績は、うなぎ上りに上がり

図表7　松山油脂が発見した池クジラ

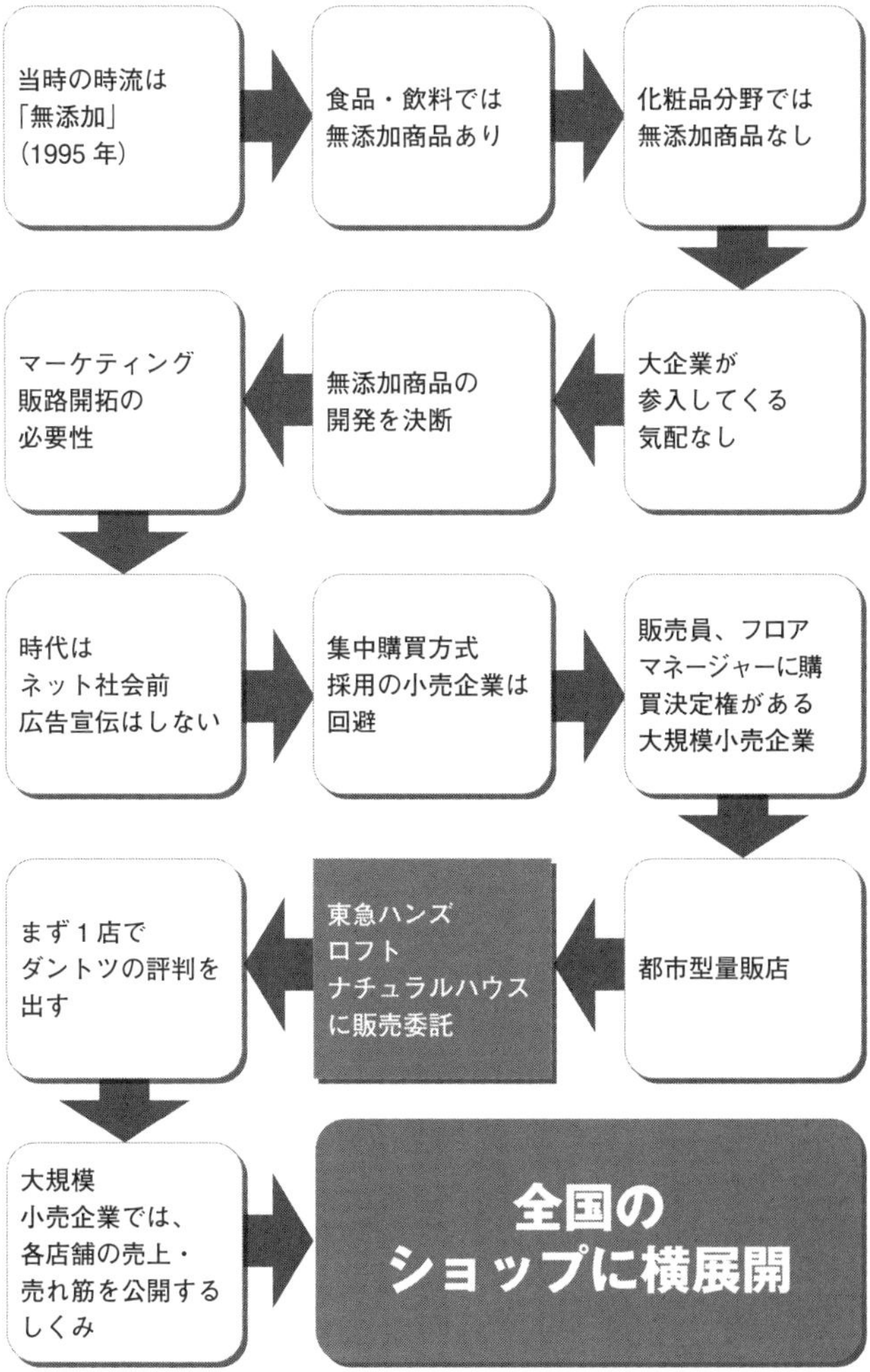
当時の時流は
「無添加」
（1995年）
食品・飲料では
無添加商品あり
化粧品分野では
無添加商品なし
大企業が
参入してくる
気配なし
無添加商品の
開発を決断
マーケティング
販路開拓の
必要性
時代は
ネット社会前
広告宣伝はしない
集中購買方式
採用の小売企業は
回避
販売員、フロア
マネージャーに購
買決定権がある
大規模小売企業
都市型量販店
東急ハンズ
ロフト
ナチュラルハウス
に販売委託
まず1店で
ダントツの評判を
出す
大規模
小売企業では、
各店舗の売上・
売れ筋を公開する
しくみ
全国の
ショップに横展開

ました。フロア担当者は、自分で売るのみならず他店へもその商品を紹介してくれました。フロア担当者たちが次々と他店を紹介してくれたことから、商品の販路が広がり、多くの顧客をつかむことに成功したのです。

新商品・サービスの開発

④ 時流を見据えた、新事業、新商品・サービスを開発する仕組み化は行われているか

福岡県北九州市に、ドラッグストア・調剤薬局を経営する株式会社サンキュードラッグという会社があります。サンキュードラッグは、ドラッグストアは差別化ができないという業界の常識を覆し、ナショナルチェーンとは違うローカルチェーンならではのビジネスモデルを創り上げました。

サンキュードラッグは、福岡県北九州市と山口県下関市を中心に七五店舗を展開していますが、店舗の出店基準は半径五〇〇メートルの商圏です。つまり、一キロごとに一店舗を展開する超高密度ドミナント出店をしているのです。これにより、地元の顧客に徹底的に寄り添う「地域のかかりつけネットワーク」を築くことで、高齢者の多い地域社会から高い評価を得ています。

平野健二社長は、もともと地元の北九州市では、高齢化が大変な勢いで進行していることは

よくわかっていたのですが、ある政府調査から、高齢者の生活行動の八〇％は、自宅から四〇〇メートル以内に留まっているということを学びました。これが大きな気づきとなり、ナショナルチェーンにはできない、ローカルチェーンのドラッグストア独自の存在意義に気づいたのです。

そこで、数千坪の遊休地を取得し、調剤薬局併設のドラッグストアを建設すると共に、その周りに医療モール、介護施設、介護サービス、保育園、高齢者住宅等々を誘致しました。例えばママさんが、ドラッグストアの駐車場に車を停め、保育園に子供をお迎えに行き、ついでに、いろいろなお買い物をすることができるようにしたのです。

それだけではありません。一人の高齢者を複数店舗で見守るため、併設した調剤薬局の薬歴データを全社で共有し、身体によくない薬の飲み合わせを回避できるようにしました。

さらに、「誰が」「何を」「何と一緒に」「何回購入したか」が分かる購買記録情報（ID-POS）を収集して、顧客一人ひとりの嗜好や購買履歴を分析しています。その上で、一人ひとりの嗜好や潜在ニーズを推測し、それらに合った品揃えをしたり、個別に提案を行っているのです。

サンキュードラッグのこの戦略を支えるのが、月に一度のペースで開催される「潜在需要発掘研究会」です。二〇二一年二月で一六六回目を迎えました。この会には、大手メーカーをは

図表8　サンキュードラッグの池クジラ

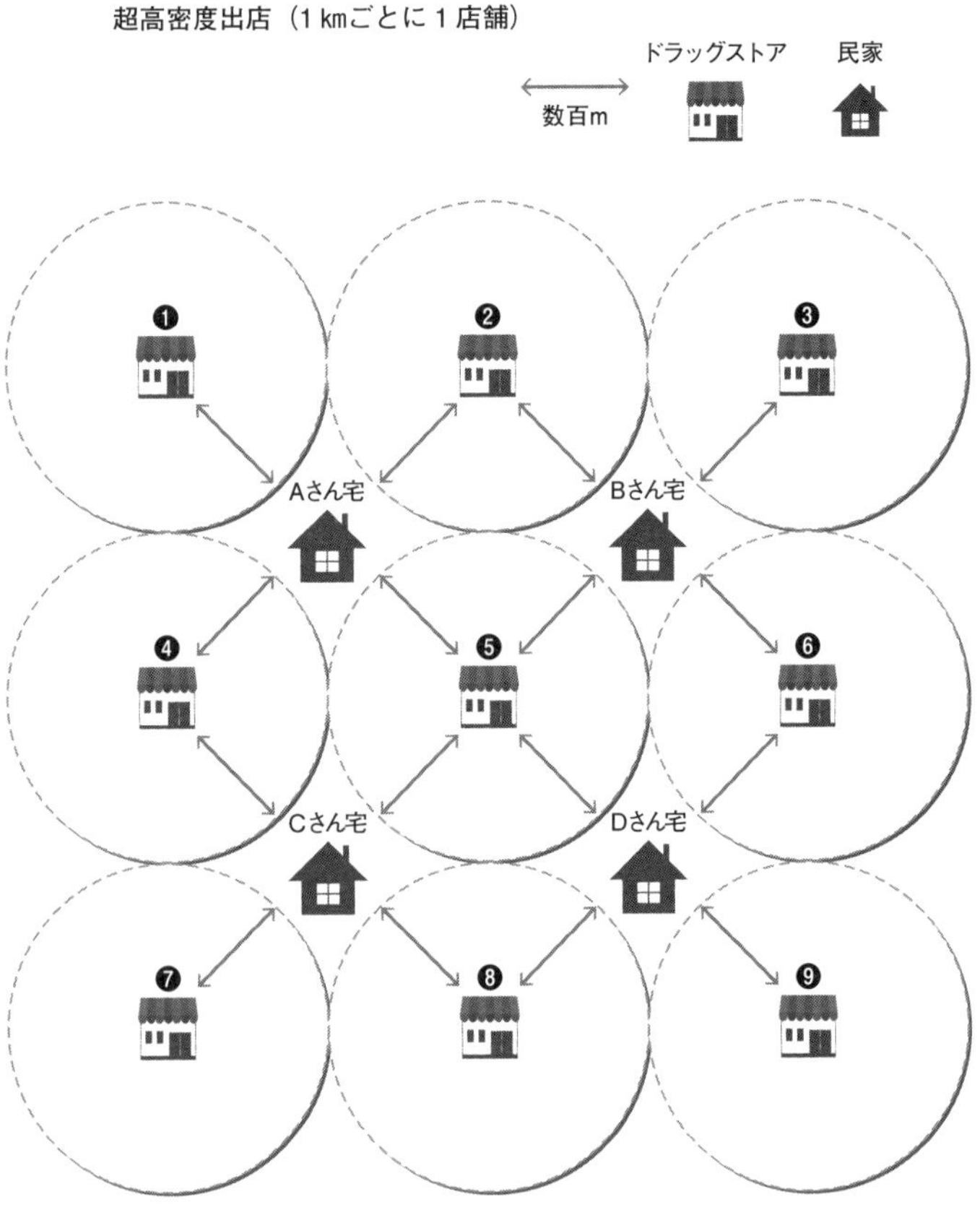

地元のお客様に徹底的に寄り添う
「地域のかかりつけネットワーク」
により、情報は一元管理

じめとする様々な取引先などから二〇〇人以上が参加しています。

そこでは、潜在的なニーズがあるにもかかわらず自分の欲しい商品がわからない顧客、まだ自分自身のニーズに気づいていない顧客の、生活の改善方法を研究しています。すなわち、ここでは、隠された商品の機能、まだ世の中ではそれ程知られていない商品カテゴリーの機能と、買い手である顧客のニーズをマッチングさせているのです。

平野氏は、ここまでの執念を持ってローカルチェーンのドラッグストア事業という独自モデルを創り上げましたが、実は宿命の環境があったのです。そもそも北九州市は経済が縮小し続けている地域です。福岡市が六〇万人都市から一五〇万人都市へと変貌を遂げていく中、北九州市は一〇七万人から九四万人へと人口が減少しているのです。

そんな衰退する地域で、しかも差別化できないと言われてきたドラッグストア業界で、弱肉強食という厳しい競争環境にさらされつつ、同氏は、二代目経営者として、何としても北九州市に地盤を置いて生き残らなければなりませんでした。諸々のアゲンストの風を、渾身の力で跳ね返してきているのです。

商品・サービスの効率的・効果的提供の工夫

⑤　顧客が期待する商品・サービスを、効率的・効果的に提供する仕組み化は行われているか

愛知県一宮市に、介護福祉サービスのステラリンク株式会社（施設名：たんぽぽ介護センター）という会社があります。「訪れた人がみんな笑顔になる、介護のディズニーランドを目指す」という理念を筒井健一郎社長が掲げ、同社の施設には、年間七万八〇〇〇人、一日当たり平均約二五〇人のデイサービス利用者がやってきます。

通常のデイサービスを提供している施設では、毎日、決められたメニューが提供されるのが一般的ですが、同社では、これら通常のデイサービスとはまったく異なり、利用者の声に応え続けた結果、現在では、提供サービスのメニューは、二五〇を超えるまでになっているのです。たんぽぽ介護センターが、ここまでの利用者が求めるメニューを提供できるのは、独自の「たんぽぽＳＭＩＬＥシステム」によって、利用者のリハビリプログラムのデータを管理していることが大きいのです。

利用者が毎日選ぶリハビリプログラムは、ＩＣカードで管理されています。そのお陰で、それぞれの利用の様子は、データ化された数値によってスタッフ全員が把握できるようになっています。膨大なリハビリプログラム情報を、最新のシステムで管理する仕組み化によって、利用者の期待に応え続けているのです。

以上、五つの仕組み化を、事例とともに紹介しました。経営理念・ビジョン浸透の仕組み、顧客の声から提供価値を分析する仕組み、マーケティングの仕組み、新事業開発・新商品開発の仕組み、顧客が求める商品・サービスを効率よく提供する仕組みの五つでした。ぜひこれらを、自社に必要と思われる仕組み化の参考にしてください。

7. 自社の池クジラのレベルをチェックしているか

突き詰めなければ池クジラは完成しない

多くの経営者に話を聴くと、「自社は立派な池クジラ企業だ」と胸を張る人がたくさんいます。しかし、よくよく話を聴くと、それにしては収益力が低いのです。一般的に言えば、池クジラであれば、少なくとも二桁に届くくらいの売上高経常利益率になっているはずです。

もし、実態的に、そこまでの収益力がないのであれば、池クジラが完成していない可能性がありますす。もったいないことです。池クジラが完成しているなら、そこまで収益力が低いはずがないからです。

また、仮に、経常利益率が二桁に届く収益力があったとしても、もし、社員が疲弊しているなら、やがて池クジラは崩れ、長期的に、収益力は低下する可能性が高いと考えます。社員を犠牲にしての池クジラなら、長続きはしないからです。

自社の池クジラは完成しているのか、中途半端なままで未完成なのか、今現在の池クジラ戦略の課題が何なのかは、定期的に確認すると良いと思います。

また、いかに立派な池クジラのビジネスモデルであっても、その運用が上手にできなければ効果は発揮されず、結局、池クジラ戦略としては未完のままかもしれません。さらに、池クジラ構想を社内に徹底できておらず、社員が、そこまでの意識を持っていないかもしれないのです。言葉を換えれば、中途半端なままかもしれないのです。

そして、仕組みができた後も、運用の手を抜いてはいけません。運用となると、結局は第四章の社員力次第ということになります。池クジラ戦略が社員の腹にしっかり落ちてはじめて、池クジラ戦略は完成に向かいます。「社員を通して目指す成果を実現すること」が経営だからです。

したがって、定期的に全社員に、匿名のアンケートを取り、自社の仕組み化の現状を注視する「サーベイ+フィードバック」をお薦めします。サーベイでは、以下のようなアンケートを取り、その結果をフィードバックして、課題を見つけ出し、改善改良を重ねるのです。

できれば、経営理念、財務アタマ、池クジラ、仕組み化、社員力、さらには社員力を構成する五つ要素である、信頼、自律、規律、サポート、ストレッチに関しても、定期的にサーベイ+フィードバックをするといいと思います。

左記は、強くて愛される会社サーベイの中の、池クジラの設問例です。参考にしてもらえれば幸いです。

〈池クジラに関する質問項目〉

① 顧客は誰かを明確に絞り込んでいるか
② 自社の商品サービスに明確な強みがあるか
③ 自社の商品サービスの良さを、見込客は明確に認識しているか
④ 自社が戦うと決めた市場で、ナンバーワンあるいはオンリーワンか
⑤ 自社が戦うと決めた市場は、大企業が参入してこないニッチな分野か
⑥ 自社が戦うと決めた市場は、業界では非常識な分野か
⑦ 自社が戦うと決めた市場は、一〇～二〇年先までの時流に合致しているか

第四章

愛される会社の「社員力の強さ（働きがい）」を磨き上げる方法

池クジラ戦略を構築することにより、会社は社員から愛されるようになります。そしてその結果、強い社員力を築き、業績を高めることができるのです。ここまで、そのようにお伝えしてきました。

ところが一方で、強い社員力を築くことができて、はじめて、池クジラが完成するという側面もあるのです。前にも述べましたが、社員が、やらされ感からではなく、主体的に楽しく仕事ができる状態こそ、いちばん人間らしい仕事の仕方です。会社が、人間本来の力を引き出すことに成功し、社員力を高めることができてはじめて、池クジラ戦略が完成します。つまり、池クジラは、人由来の事業価値の源泉である、強い社員力に、大きく依存しているのです。

強い社員力は「理念経営」がベースになっています。理念経営では、経営理念を中心に置いて価値観を共有します。社員が、経営理念の実現を目指し、当事者意識を持っていきいきと働くため、有事にも強い経営になります。池クジラ戦略と理念経営は、池クジラを突き詰める上で、まさに車の両輪なのです。

では、理念経営によって社員力を強めるには、具体的にどのようにすればいいのでしょうか。本章ではこの点について検討していきます。

1. 経営理念・ビジョンは社員の使命感を育み、行動規範となっているか

経営理念・ビジョンは社員の働く目的

社員が、輝いて仕事をする強い社員力の会社にするには、まず、魂のこもった経営理念・ビジョンが必要です。これが理念経営の原点です。経営理念・ビジョンが会社に浸透し、社員の使命感を育み、社員の行動規範にまでなれば、経営理念・ビジョンは目的を達成したと言えます。

経営理念は、会社の存在意義を示すものです。すなわち、「会社は何のためにこの世の中に存在するのか」「会社は社会にどのように貢献するのか」という、会社の「あり方」について明示したものが経営理念なのです。一方で、これを裏返して社員の立場から見ると、「自分はこの会社で何のために働くのか」という、社員が「働く目的」につながります。もちろん、これも社員の「あり方」を示しています。したがって、経営理念は会社と社員の「あり方」を、同時に明示しています。

またビジョンは、経営理念を受けて会社はどのような顧客を選び、その人たちに、どのよう

なほかでは得られない価値を提供するのか、その結果、自社は、社会においてどのような「お役立ち」をするポジションを打ち立てるのか、について明示するものです。

したがって、経営理念・ビジョンは、社員の仕事に対する使命感を育んでくれるものです。人は人生で、最も長い時間を仕事場で過ごします。その仕事で使命感を持って働くことができれば、その結果、社会の役に立つことができれば、社員は、自分の人生の意義を実感できます。そうなれば社員の人生が充実します。社員は幸せ感を獲得できるはずです。

会社が、社員にそのような場を提供できるようになれば、その会社は、誰からも「いい会社だね」と褒め称えられる価値が十分にあることになります。これが、理念経営が理想とするところです。

ここで、経営理念・ビジョンの意義に関して、イソップ寓話を引用して理解を深めたいと思います。

中世のとある町の建築現場を通りかかった旅人が、つらそうな顔をしてレンガを積んでいる一人の男に出逢いました。

「ここでいったい何をしているのですか」

と尋ねたところ、その男は、

「レンガを積んでいるに決まってるだろう。朝から晩まで、ここでレンガを積まなきゃいけないのさ。なんで、こんなことばかりしなきゃならないのか、俺はまったくついてないよ」

と答えました。

次に、先ほどの男のようにつらそうには見えない、一生懸命レンガを積んでいる二人目の男に出くわしました。同じ質問をすると、

「大きな壁を作っているんだよ。ここでは仕事を見つけるのが大変なんだ。この仕事のおかげで、俺は家族全員を養っていけるんだよ」

と答えました。

さらに歩いて行くと、いきいきと楽しそうにレンガを積んでいる、別の男に出くわしました。旅人は興味深く思い、同じ質問をしたところ、

「俺は、後世に残る偉大な大聖堂を造っているんだ。ここで多くの人が祝福を受け、悲しみを払うんだぜ。どうだ、素晴らしいだろう！」

と目を輝かせて答えたのです。

一人目の男は、何の目的も持たずに働いていました。二人目の男は、生活費を稼ぐ目的で働いていました。そして三人目の男は、後世に残る事業に加わり世の中に貢献することが目的で働いていました。いちばんモチベーション高く仕事をしていたのは、明らかに三人目の男でした。

このイソップ寓話の通り、何の目的も持たずに働くのと、お金を稼ぐためだけに働くのと、世の中に貢献するという使命感を持って働くのとでは、仕事の働きがいに圧倒的な差がありま す。仕事の充実度も、社員の幸せ度も、大きく違うのです。さらに言えば、仕事の成果に天地ほどの差が生まれることが容易に想像できます。

経営理念やビジョンが、社員が目的や使命感を持ち、働きがいを持って働くためにいかに大きな役割を果たすか、ということの説明は以上の通りです。

経営理念・ビジョンは社員の行動規範

経営理念・ビジョンが、社員にとってもうひとつ大きな役割を果たしてくれるのは、社員が、自律的に仕事をする際の行動規範になるということです。

社員は、自分で考えて判断して行動できれば、すなわち、自律的に働くことができれば、大きな働きがいが生まれます。一方で、人は、他人に一から一〇まで指図されて働かされると、やらされ感が生じ抵抗を感じます。社員は、決して楽しくありません。働くことで幸せになれないのです。

理念経営を実践していることが大前提になりますが、社員が、経営理念・ビジョンを拠り所に、自ら考えて判断して仕事をしている限り、経営者も上司も、誰もその社員に文句をつけることができないはずです。文句をつけた途端、理念経営ではなくなるからです。理念経営を進める上で、経営理念・ビジョンは、社員が自律的に仕事をする上で、なくてはならない、極めて重要な判断の拠り所となるのです。

こうした理念経営を実践している会社では、経営理念・ビジョンは、社員の働く目的と社員の行動規範という二つの役割を果たします。これは、社員にとって極めて大きな意義がありま す。経営理念・ビジョンは、会社が、社員の働く意欲を引き出し、長期にわたって存続・繁栄するために必要不可欠なものであり、強い社員力を発揮するための原点なのです。

経営理念のお陰で、高い社員力が築き上がっている事例に、先に紹介した伊那食品工業があります。理念経営を実践している日本の代表的企業です。

同社の社是（経営理念）は、「いい会社をつくりましょう～たくましく　そして　やさしく～」です。その意味するところについて、塚越寛最高顧問は、「『いい会社』とは、単に経営上の数字が良いということではなく、会社を取り巻くすべての人々が、日常会話の中で、『いい会社だね』と言ってくださるような会社のことです。『いい会社』とは、自分たちを含めすべての人々をハッピーにします。そこに『いい会社』をつくる真の意味があるのです」と語っています。

さらに、企業目的として、「企業は本来、会社を構成する人々の幸せの増大のためにあるべきです。私たちは、社員が精神的にも物質的にも、より一層の幸せを感じるような会社をつくると同時に、永続することにより、環境整備・雇用・納税・メセナなど、様々な分野で社会に貢献したいと思います。したがって、売り上げや利益の大きさを競うよりも、会社が常に輝きながら永続することにつとめます」と謳っています。

塚越氏は、社員に対して折あるごとに経営理念について語ってきました。そのため経営理念はかなり深く社員の中に浸透しています。塚越氏の日ごろの言行が一致しているからなのでしょう。社員は、塚越氏の経営理念に対する本気度をまったく疑っていません。

伊那食品工業には労働組合がありません。それは、会社は、社員みんなのためにあるものという思いが共有され、経営者も社員も「いい会社をつくりましょう」という同じ理念、同じ山の頂を目指している同志という考え方が徹底しているからです。だからこそ、社員が、労働条件の維持・改善や経済的地位の向上を訴える必要がないのです。

したがって、社員たちは、休日の土曜・日曜でも、また本来は参加義務がない出勤時間前の時間でも、会社の清掃に進んで参加します。同社を視察した経営者の多くが、「この掃除に対して、残業代は出ていますか」と聞くそうです。

社員が、会社の理念に、心底共鳴・共感しているからこそ、社員は自ら考えて判断して行動しているに過ぎないのです。これは、伊那食品工業が、質問した経営者が棲んでいる世界とは、まったく別次元の会社である証左です。

経営理念・ビジョンの浸透度の確認が重要

経営理念・ビジョンが一応あっても、単に書いてあるだけ、掲げてあるだけでお題目に過ぎないと社員が理解しているなら、その経営理念・ビジョンは、社員にとってまったく何の意味も持ちません。社員自身が働く目的とも、行動規範とも考えないのです。

その結果、社員は、先程のレンガ積みの男のように、何の目的も持たずに働くか、生活費を稼ぐためだけに働くことになります。

経営理念・ビジョンは、会社の中で、社員にどこまで浸透しているかが重要です。この浸透とは、「経営者・幹部に対する信頼」と、言葉を置き換えてもいいかもしれません。経営理念・ビジョンが社員の働く目的となり、自分で考えて判断して行動する際の行動規範となってはじめて、社員は仕事のオーナーになれます。

ちなみに、仕事のオーナーとは、仕事の当事者は当然自分であり、ほかの誰でもないと、社員自身が認識している状態のことです。

社員一人ひとりが仕事のオーナーになれば、高い社員力が発揮されます。その結果、社員は顧客から感謝され、会社の成果につながります。社員が、「よくやった」と自分自身を褒めてやることができれば、大きな働きがいが生まれます。こうなれば、会社の社員力は極めて高い状態に到達しています。

こう見てくると、経営理念・ビジョンがどの程度社内に浸透しているかは、極めて重要です。しかし、経営理念・ビジョンの浸透度は目に見えません。したがって、さらに浸透させるためにどうすればいいかと考えても、なかなか手の打ちようがないのです。しかし、自社の経営理念・ビジョンの浸透状況を何とか確認したいところです。

そこで、外部専門機関の協力を得ながら、全社員から匿名で、直接アンケートを取って本音を引き出し、自社の経営理念・ビジョンの浸透状況を確認する「サーベイ」の実施と「フィードバック」の実践が極めて重要になります。

本書がお薦めするサーベイでは、以下のようなアンケートを取って結果をフィードバックし、幹部全員あるいは全社員で課題を見つけ出し、変革案を練るのです。

では、経営理念・ビジョンの浸透に関する質問項目とはどのようなものか、強くて愛される会社サーベイの質問項目から一部を抽出して、以下に例示します。

〈経営理念・ビジョンに関する質問項目〉

① 経営者は、事業を通して社会貢献と社員の幸せを考えている
② 経営者の思いは、経営理念・ビジョンに強く込められている
③ 経営者は、経営理念・ビジョンに込めた思いを、幹部・社員に浸透させている

④　経営者の行動は、率先垂範して経営理念・ビジョンを体現している

また幹部が、経営理念・ビジョンに関してどのように社員に伝えているか、主語を幹部に置き代え、③の質問項目で確認する必要があります。例えば「幹部は、経営理念・ビジョンに込めた思いを、一般社員に浸透させている」というようにアンケートを取ればいいでしょう。

もし幹部が、経営者と同じように、経営理念・ビジョンを熱い思いを持って一般社員に伝えていないとすれば問題です。会社が一定規模以上なら、組織における幹部の機能はとても重要だからです。幹部がリーダーシップを発揮しなければ、経営理念・ビジョンは、社内に十分に浸透しないのです。

したがって、経営者に対するアンケート結果がいくら高くても、恐らく、一般社員には、十分伝わっていないと推測できます。このこともしっかり確認してください。

以上、経営理念・ビジョンの浸透状況を検討してきましたが、社員の行動環境全般についても、同様のアンケートを取った方がいいことは間違いありません。これに関しては、第三節に譲ります。

2. 行動環境を「愛される会社仕様」にする

自律的に働くには、まずは「信頼」が大切

社員がモチベーション高く、気持ちよく働くことができる職場環境は、コロナ禍のテレワーク・在宅勤務をはじめとした働き方改革が進展したこともあり、多少変化してきてはいるものの、仕事場が都心のきれいな高層ビルのフロアにあるなど、物理的な要素がある程度影響していることは間違いありません。

しかし、心理的な要素の方が、はるかに大きな影響を与えています。こうした、社員が仕事で、自律的に行動を起こす際の心理的な職場環境のことを「行動環境」と呼びます。

この行動環境を整えることは、社員から愛される会社になるための必須要件です。愛される会社として十分に整った行動環境を、「愛される会社仕様」の行動環境と表現したいと思います。

愛される会社仕様の行動環境は、信頼、自律、規律、サポート、ストレッチという五つの心理的な要素から構成されています。会社が、この五つの要素をどの程度充足できているかは、社員がモチベーション高く気持ちよく働く上で、極めて重要なことです。もし、五つの要素の

すべてを充足できているなら、その会社は、社員が自律的に働くことができる、愛される会社仕様の素晴らしい行動環境になっています。

さて、行動環境の一つ目は「信頼」です。会社も人間社会です。そこで、人と人が力を合わせてともに価値を生み出していくに際し、すべての面で基本となるのがこの信頼という心理的な要素です。ここでいう行動環境としての信頼とは、社内のタテヨコの信頼関係を意味します。

そもそも、組織の中に信頼というものがなければ、チームが高い成果など発揮できるはずがありません。前節において述べた通り、信頼は、経営理念・ビジョンが社内でどれだけ浸透しているかによって生まれます。当然、経営者・幹部がどれだけ経営理念・ビジョンを体現しているか、言行一致しているかを社員は見ています。上司が信頼できないと、社員は、仕事に対するやる気がまったく起きなくなります。

一方で、ヨコの信頼関係も大切です。仕事は一人で行うものではなく、仲間と一緒に行うものだからです。同僚だったり、他部門だったり、自分の周りに対する厚い信頼がないと、気持ちよく仕事ができないのです。

二〇一五年、米国グーグル社が、「心理的安全性が生産性の高いチームづくりに最も重要である」と発表して以来、心理的安全性という言葉が世界中で注目を浴びるようになりました。

心理的安全性とは、「一人ひとりが恐怖や不安を感じることなく、安心して発言や行動ができる状態」のことであり、「安心して何でも言い合えるチームだと感じる状態」「自分が自分らしく働ける状態」のことと言い換えることができるとのことです。つまり、心理的安全性が高いということは、社内のタテヨコの信頼関係が良好ということです。まさに、「愛される会社仕様の信頼関係」になっているということです。

心理的安全性という概念を初めて提唱し、その言葉の生みの親と言われるハーバード大学のエイミー・エドモンドソン教授は、一九九九年に発表した論文「Psychological Safety and Learning Behavior in Work Teams」の中で、心理的安全性のレベルを、以下の質問で確認してはどうかと提案しています。

①　もし自分がこのチームでミスをしても、非難されることは少ない
②　このチームのメンバーには、困難な課題も提起することができる
③　このチームのメンバーは、異質なものを排除しない
④　このチームなら、安心してリスクを取ることができる
⑤　このチームのメンバーに、助けを求めることは歓迎される
⑥　このチームには、個人の成果をわざと無視するような人は一人もいない
⑦　このチームでは、自分のスキルと才能は尊重され、役立っている

こうした七つの質問に対して、肯定的に答えることができるなら、心理的安全性が高く、チームは厚い信頼関係で結ばれているということになります。

社員の自律を促し、規律を守る環境作り

二つ目は「自律」です。行動環境としての自律とは、会社の経営理念・ビジョンを拠り所に、社員が自分で考えて判断して行動することを、組織が許容・推奨することです。もちろん、前提として、タテヨコの信頼関係がベースに存在しなければこうした自律はあり得ないことです。そうした仕事の仕方を会社が認めているのか、もう一歩進んで推奨しているのかは、モチベーション面で極めて重要です。

自律できる行動環境が整っている強くて愛される会社の事例として、先に紹介した株式会社吉村を挙げます。

吉村では、一チーム数名で行う全員参加型の五分会議に特に力を入れてきました。学歴に関わらず、感性が鋭く、気づきの多い社員を大切にしています。漢字を読めなくても、自分で考えて判断して、顧客の重要なニーズに気づいた社員が、大いに発言し活躍できるよう、全社員が一人二〇秒で何らかの発言を行うことを義務化しています。

会議では、現場の声を集めて顧客に貢献するため、顧客と常日頃接している「現場社員にしか把握できない顧客のニーズ」や「製品を作っている現場社員の細やかな気づき」などの情報を、全社員で認識・共有して行動する企業文化を醸成しています。

仕事を指示された通り行うことしか認められない会社では、社員は成長できませんし、モチベーションも上がりません。人間が人間らしく働くために、社員が自律できる仕事環境を整備することは、まさに社員力強化の基本中の基本です。

三つ目は「規律」です。会社には経営理念や価値観など、社員に求められている規範があります。規律とは、こうした規範に基づいて自分自身を律することです。具体的な規則のことではありません。「規則を守らないと罰する」というようなことで社員を縛らないと統制が取れないような状況では、優れた行動環境があるとは言えません。

仕事の仲間が自分自身を律して規律を守ってくれてはじめて、気持ちよく働くことができます。挨拶を交わしたり、報連相を守ったり、皆で決めたことは必ずやり切らないと、お互い気持ちよくチームワークを発揮できないのです。

先に紹介した伊那食品工業には、自分自身を律することができる社員が数多くいます。毎朝行われる約三万坪の敷地の掃除以外にも、社員は、毎朝の出勤に際して、右折による交通渋滞で周辺住民に迷惑をかけないよう、車を迂回させ会社の敷地に入ります。

さらに、社員は、社員駐車場に車を停める際、統一感をもたせて気持ちをひとつにするという思いから、駐車枠の中央に、後ろ揃えで行う整列駐車を、誰からも言われることなく、徹底して実行しています。

同社では、毎日繰り返される日常を通して、全社員の誰もが、気づく力を養い、気配りできる、規律の高い人間に成長しているのです。

会社を挙げて社員をサポートする

四つ目は「サポート」です。行動環境としてのサポートとは、自分の能力を超える仕事に挑戦する社員を会社や周りが支えることです。社員が自律して仕事を行う上で、会社や周りからどれだけサポートがあるかは、気持ちよく働く上で極めて大切です。

誰だって今の自分の能力以上の仕事にはなかなか勇気を持って立ち向かえません。個人の立場から言えば、大きなリスクを取ることになります。失敗して責められるなら、止めておいた方が無難ということになります。

しかし、そのような仕事に対して果敢に挑戦しなければ、社員の飛躍的な成長はありませんし、会社としても新たなステージに立てません。初めから、自分一人で何でもこなせるような人間はいないのです。本当の意味で人が育つのは、勇気を持って目標に立ち向かうことでしかあり得ないのです。したがって、社員が目標に挑戦することを「サポート」する環境がとても大切です。

会社が一定規模以上に成長しているなら、人財育成の仕組みなどを整備して制度的に応援し、効率よく社員をサポートすべきです。そうは言っても、仕組みを用意すればすべてが解決したなどと思わない方が良さそうです。会社も人間集団である以上当たり前のことですが、社員は、心のこもった上司や同僚からの声がけ、見守り、すなわち、人間味のある精神的なサポート環境を、心から求めているからです。

一方でサポート体制は、多くの中堅中小企業にいる、時代の潮流を正しく捉えていないいわゆる「職人」には、なかなか理解してもらえないかもしれません。「自分の若い頃は、先輩からノウハウを盗んで育った」「上司も会社もまったく自分たちを褒めてくれなかった」「俺たちは、その中で、歯を食いしばって頑張ってきたんだ」などと、今の若手に対して、自分と同じような育ち方を求める人もいるからです。

あるいは、職人の中には、一人で仕事をすることに慣れ切っており、チームメンバーと一緒になって仕事を進めることが少なく、そもそも、他人に興味を持ってこなかった人もいます。そんな風に、個人プレーで、何とかやってこれた時代があったのです。

「同じ釜の飯を食べている仲間じゃないか。時代が変わったんだよ。もっと、心配りや気配りをし合おうよ。そんなチームをつくるのが先輩としての役目じゃないか」と言いたくなります。

しかし、このサポート体制づくりは、幹部や上司の、心からの支援を必要とするため、実は、かなり難しい課題なのです。

そこで、このサポート体制に関するある企業の事例を紹介して、理解をより深めていただきたいと思います。

東京都文京区に、左官工事、タイル貼り工事、防水工事、れんが・ブロック工事等を行う有限会社原田左官工業所という会社があります。社名からわかる通り、同社は、昔ながらの左官業で、職人の「人口減少」と「高齢化」に悩まされてきました。

しかも、左官職人の育成は、建築業の中でも特に時間がかかり、一通り仕事を覚えるまで、一〇年程度の経験が必要と言われています。なおかつ、職人が、一九七五年の三〇万人から二〇一四年の三万人へと、過去四〇年間で一〇分の一にまで減っています。また、平均年齢六〇歳くらいに高齢化が進み、これらが業界の死活問題なのです。

従来の左官職人と言えば、現場で何年もの間、親方の背中を見て習い、新米のうちは、掃除・材料作り・運びなど、下働きをして現場での動きを体に染み込ませることが中心の育成方法で、なかなかコテを持たせてもらえないというように、長年の下積み修業が当たり前とされてきました。

こんな昔気質の職人気質では、職種ごと滅び去ってしまうと危機感を覚えた原田宗亮社長は、新人を社員として採用するという業界の非常識に挑戦し、社員に、職人の技を映像で見せながら反復練習させることで、わずか一カ月で習得できる「モデリング」の仕組みを構築したのです。さらに見習い期間として、社内に四年制の職人大学を設置し、そこで技を習得させる仕組みを作りました。これにより職人の早期育成に成功したのです。

また、そのモデリングの作業も、社内の練習場でみんなが一緒にできるようにして連帯感を高めました。これにより、入社した若い人たちが、単に映像を観るだけではなく、練習場に顔を出す先輩職人の助言やサポートも受けることができる体制を構築したのです。

社員がストレッチすれば会社が成長する

最後の五つ目は「ストレッチ」です。社員は、仕事を通して成長できることが最大の喜びです。行動環境としてのストレッチとは、社員が、今現在の自分の能力を超える仕事に挑戦できる環境があり、実際にできているかということです。これができていれば、社員力は高くなります。社員の成長の結果でしか会社は成長しないのです。

人は、自分で考えて判断して行動することで成果を上げて、はじめて自信を持ちます。そして成長を実感します。そうした「場」をたくさん与えてくれる職場であれば、モチベーションが高まり大いに成長できます。そして会社を愛することができます。

社員が自らをストレッチさせ、仕事を通して成長するなら、本人はもちろん、経営者も上司も大満足のはずです。このように、経営者をはじめ周りが社員の成長を喜んでくれるなら、それは最高の環境です。意欲に溢れた人間がたくさん生まれます。

それでは、社員のストレッチに関する事例として、清川メッキ工業株式会社を紹介しましょう。福井県福井市にある、表面処理、各種電気めっき、化成皮膜処理などのめっき加工を行っている会社です。同社の企業理念は「自由なる創意の結果が、大いなる未来を拓く」です。

同社が掲げる創意とは、これまでに誰も思いつかなかった新しい思いつき、独創的な考え方、つまり人真似をしないということです。そのための行動指針を設けています。

一つ目は、「私たちは、挑む精神とあきらめない心を持ちます」です。その意味は、「失敗を恐れず、まず挑戦します。失敗は、できない要因が一つ見つかったと前向きにとらえ、次の挑戦の始まりと考えます。自分からはあきらめません。できないとは言いません。あきらめない限り、始まりしかありません」です。

二つ目は「私たちは、自分を成長させるための努力を惜しみません」です。その意味は、「好きなことはとことんやります。いろいろなことに興味を持ちます。そのために、休日はアクティブに過ごします。自分のスキルを上げるために勉強もします。こうして自分の引き出しを増やし続けます」です。

そして、三つ目は、「私たちは、お互いに助け合い信頼し合います」です。その意味は、「お互いの強みを発揮して、チームで課題に挑みます。協力し合うことで、仕事のスピードを上げるだけではなく、常に改善及び合理化に目を光らせます。仲間の良いところを見つけ、感激し、尊敬し合います」です。

このほかにも、「私たちは、新しいモノを提案します」と「私たちは、ありがとうと声に出します」という二つの行動指針があります。

清川メッキ工業では、めっき技能士などの国家資格を取得できる体制を整えています。また、社員の七三%が何がしかの国家資格を取得しています。こうしたことからわかる通り、清川メッキ工業は社員にストレッチを奨励し、そのための機会を与えています。そして、社員はそれに応えているのです。

もうひとつ、大変ユニークなストレッチに関する事例を紹介しましょう。先述した松山油脂です。松山剛己社長は、社員に、失敗を恐れず前に出ることを奨励しています。

幸いにも、経営革新の結果、事業が順調に成長してきたため、松山氏が引き継いだ当初から社員数は二〇倍になりました。そのため、役員を含め、本来なら経験すべき健全な失敗を経験できていない社員が多くなっています。

会社は、この弱点を克服するという目的から失敗を奨励しているのです。健全な失敗経験のためなら、一時期、あえて利益率が落ちても構わないと考えています。

さらに会社は、社員に、昨年と違うことをやろうと言っています。当然、昨年と違うことをやれば、失敗する可能性が高くなります。だから、昨年と違う新しいことに挑戦した結果の失敗は認めるのです。もっと前向きな挑戦を奨励しているのです。そして会社として、失敗してもマイナスに思わないためのルールを決めています。

昨年と違うことをやると考えることで、新しいこと、誰もやっていないことに前向きになり、考える力、創造する力を養うことができます。社員がストレッチし成長することで会社が成長すると考えているからこそ、生み出された経営方針です。

社員が自律的に行動して成長する会社に転換させるため、社員に行動を変えて欲しいと考えたとき、何から手を付ければいいのでしょうか。もちろん、まずは魂のこもった経営理念です。しかし、その次は、社員が自律できる行動環境の整備です。行動環境の五要素に、どのような課題があるか、その発見と改善に取り組む必要があります。

以上、愛される会社仕様の行動環境について説明しました。会社の行動環境を決定づける五要素が、すべて愛される会社仕様になれば、会社には働きがいが生まれ、社員力が高まるに違いないのです。

3. 現状の行動環境を知る

自社の行動環境を知り問題を発見する

社員の多くが自分自身をストレッチさせることに意欲的なら、会社の社員力は間違いなく高い状態です。社員力とは、社員の成長のことだからです。しかし、このストレッチが常に高いレベルで行われているという保証はどこにもありません。

もし自社で「社員力が十分に発揮されていないかもしれない」と恐れるなら、その原因を追及し、改善を図る必要があります。

あるいは、継続的に社員力を高く維持したいなら、行動環境が目に見えないだけに、①信頼、②自律、③規律、④サポート、⑤ストレッチという五要素に分解して、常に把握しておく必要があるのです。

人間は環境の動物であり、周りの影響を強く受けます。この人間に影響を与える周りの環境が、まさに行動環境です。行動環境は生き物です。常に変わり続けます。しかし、会社が強くて愛される会社であり続けるためには、社員が働きがいを持って自律できる行動環境を、高く維持し続けなければならないのです。

そこでまず、自社の行動環境の実態を知らなければなりません。しかし、行動環境は、人の目には見えない、どこまでも心理的な状態のことです。であれば、五つの行動環境を調査し、問題点を発見し、一人でも多くの社員のストレッチが進むための課題を抽出する、経営の仕組みが必要になります。

そこで会社は、社員が自律できるための行動環境を、五つの観点から、全社員から匿名で直接アンケートを取り、全社員の本音を確認するための「サーベイ」を行い、行動環境の実態を知ることから始めることがベストです。その上で、サーベイ結果を、幹部全員、あるいは全社員に「フィードバック」して、問題点を発見して共有し、課題を整理して、会社を挙げて対策案を練るのです。

それでは、まず、五つの行動環境要素に関する質問項目とはどのようなものかについて、強くて愛される会社サーベイの質問項目から一部を抽出し、以下に例示します。

社内の行動環境を確認するに際して、何にも先んじて、タテヨコの信頼関係から始める必要があります。社内の信頼関係がどうなっているかを確認するアンケートの、具体的な質問項目を以下に示します。

〈信頼に関する質問項目〉

① この会社で、安心して働き続けることができるか
② 会社から大切にされていると感じることができるか
③ 言いたいことが言え、やりたいことがやれるか
④ 経営者・幹部・同僚を信頼しているか
⑤ 社内に助け合って仕事を進める雰囲気があるか
⑥ 人事に関する決定は公正で一貫性があるか

社内の、タテヨコの信頼関係がどうなっているかを確認するなら、このような項目が決め手になることは容易に想像できます。今現在の自社における信頼に関する行動環境に関して、問題点を発見し、課題を整理して、対策案を練っていけば、改革を進めることができるでしょう。

次に、一定レベルの仕事の能力を備えている稼ぎ頭あるいはそれに準ずる社員にとって、会社の経営理念・ビジョンを拠り所にしておれば、社員が自分で考えて判断して行動することを許容する仕事環境が整備されているかどうかは重要です。社員が自律できる環境はどうなっているのかを確認する、具体的な質問項目を以下に示してみましょう。

〈自律に関する質問項目〉

① 社員は、経営理念やビジョンを拠り所に、自ら考えて判断して仕事をしているか
② お客様からの感謝が、次なる仕事に対するパワーの源になっているか
③ 会社の経営情報が、社員にオープンにされているか
④ 会社は、社員の納得を得る経営目標を掲げ、モチベーションを高めているか

三番目は規律です。社員力が高い会社では当たり前のことですが、社員を「規則」で縛りつけるようなことはしません。社員たちは、愚直に、自発的に、「規律」を守ろうとするはずです。社員一人ひとりが、規律を守る行動環境があるかどうかを確認する、具体的な質問項目を以下に示します。

〈規律に関する質問項目〉

① 会社には、やると決まったことはやり切る雰囲気があるか
② 会社では、整理、整頓、清掃ができており、清潔は保たれているか
③ 会社では、報連相、挨拶、時間厳守はしっかり守られているか

社員が成長するには、本人がストレッチできるよう、会社も、幹部も、上司も、周りが支えてあげることが必要になります。こうした社員をサポートする行動環境は、社員が成長するためには不可欠のものです。現時点の社員の成長をサポートする環境がどうなっているかを確認する、具体的な質問項目を以下に示します。

〈サポートに関する質問項目〉

① 会社には、社員の能力を高めるための研修の機会があるか
② 経営者や上司は、身近な存在として、社員の悩みを聴いているか
③ 経営者や上司は、指示命令するより、問いかける形を取っているか
④ 経営者や上司は、社員を管理するより、その成長を支援しているか

社員が、自らの能力を上回る課題に挑戦してストレッチし、その結果、成長するなら、社員力は間違いなく高まります。社員のストレッチ状況がどうなっているかは社員力のまさに核心です。これを確認する具体的な質問項目を以下に示します。

〈ストレッチに関する質問項目〉

① 自分の仕事が面白いと思っているか
② 自分の能力を超える仕事に挑戦する姿勢は、高く評価されるか
③ 頑張ったとき、周りから、励ましや賞賛を受けるか
④ 仕事で困難な事態に遭遇した場合、成長の機会と捉えているか
⑤ 仕事にチャレンジのしがいを感じているか
⑥ 仕事を通して成長を実感しているか

以上、社員が働く行動環境の五要素に関して、どのような質問項目によって情報を把握すれば良いか、そのイメージは、おおよそわかってもらえたと思います。

それでは、いよいよ、自社の行動環境の実態を把握しなければなりません。その上で、把握した実態から問題点を発見し、自社の課題を整理するのです。

そこで、以下に具体的なアンケートの取り方を示します。

具体的なアンケートの実施方法

具体的にどのようにアンケートを実施すればいいか、概略のイメージについて、以下、紹介

しましょう。

まず、アンケート実施対象者は全社員です。ただ、大きく経営者、幹部、一般社員と三分類した上で、各質問項目のすべてに答えてもらいます。

回答の仕方は、五、四、三、二、一の五段階評価です。年齢、性別、部門、勤続年数等の属性を入力することで、より詳細な行動環境に対する情報を得ることができます。

そして先述の通り、匿名で直接本人に答えてもらいます。そのためには、各人にスマートフォンを使ってデータ入力してもらうといいでしょう。匿名、かつ、直接でないと、なかなか本音は答えてもらえないのです。

なお、いくら匿名とはいえ、社内でのアンケート調査に回答することに、社員は不安を覚える可能性もあります。もし、一般社員が情報漏洩を恐れるのであれば、外部専門機関の助けを借りることも選択肢です。

一つひとつの質問が、様々な要素に複合的に影響するため、当然、アルゴリズムを駆使した統計学的な処理が必要です。また、質問内容によっては、一般社員のみを対象とするもの、幹部と一般社員を対象とするもの、経営者を含めた全員を対象とするものに区分けすることが必要です。

ここで、社員の行動環境に関する一部のアンケート結果に絞って、そこからどのような問題

図表9　アンケート結果サンプル

【自律】　ドライバ値：**3.69**　（4.8点／満点：6.5点）

No	質問	全体	経営者	幹部	一般社員	経営者-社員
1	自社の経営状況や財務数値などの情報が、一般社員にもオープンにされている	3.79	5.00	4.05	3.70	1.30
2	人事評価の項目や判定の基準は社内にオープンにされている	3.56	4.67	3.92	3.45	1.22
3	私は、自分の仕事が面白いと思う	3.92	5.00	4.33	3.79	1.21
4	私は、休日明けに出社するのが楽しみである	2.83	4.00	3.49	2.64	1.36
5	自分の仕事には無駄は少なく、生産性は十分に高い	2.72	3.00	2.85	2.68	0.32
6	自社の商品・サービスに関して、お客様から感謝されることが多い	3.04	3.67	3.28	2.96	0.71
7	会社には、言いたいことが言え、やりたいことがやれる組織風土がある	3.54	4.33	3.85	3.44	0.89

※サンプルのため実際の結果とは一部異なります。

が見えてくるか、イメージしてみましょう。

まず、全社員のスコア、経営者のスコア、幹部のスコア、一般社員のスコアが計算されますが、平均スコアの絶対水準が低い質問項目が気になります。基準値は「三・〇」ですから、これを割る、「二・〇台～二・〇台」というような、低く評価された回答結果の質問項目には、「自社はできていない」と社員が答えているわけですから、問題がある可能性が高いのです。

また、経営者と幹部・一般社員とのギャップ、あるいは、経営者・幹部と一般社員とのギャップが大きい質問項目は気になります。経営者にしてみれば、「できている」と思っていても、幹部、あるいは、一般社員が「ノー」と答えているからです。あるいは、経営者・幹部が「できている」と思っていても、一般社員が「ノー」と答えているからです。大きなギャップは大きな意識の差であり、そこに問題があることを示唆しています。もし、経営者・幹部にとって、「何が自社の問題か」がわからないなら、一般社員の心理的な悩みを、上司として何も解決してあげられないことになります。

次に、さらに具体的なイメージをつかむため、行動環境の五要素のうち「信頼」に関する質問項目に絞り、アンケート結果から問題点が発見されたとき、会社としてどのように対応すればいいかを考えてみましょう。

例えば、「この会社で安心して働き続けることができるか」という質問項目に対する回答に対して、高いスコアが出ればいいのですが、低いスコアなら問題があります。幹部全員で、あるいは各部門ごとに、さらには全社員で、外部の機関にファシリテーションを任せてでもいいので、問題を解決するための課題を見つける必要があります。

「経営者・幹部・同僚を信頼しているか」も同じように大いに気になる質問です。「社内に助け合って仕事を進める雰囲気があるか」「人事に関する決定は公正で一貫性があるか」も同じです。もし、こうした質問項目に対して、回答スコアが低かったり、経営者・幹部・一般社員の間に大きなギャップがあるなら、やはり何らかの問題があります。問題解決するための課題を見つける必要があります。

アンケートの実施には経営者・幹部の覚悟が必要

確かに、会社の問題点を明らかにすることは大変なことです。一旦、問題点を明らかにしてしまった以上、必ず課題を発見し、とことん解決し切らなければならないからです。途中で放り出してしまったのでは、経営者・幹部と社員との信頼関係は、以前より悪化するかもしれません。

しかし、こういった会社の問題点を調査せず、社員の本音を知らないままでいることの方がもっと恐ろしいことではないでしょうか。問題があるにもかかわらず、会社として、問題の存在に気がつかないか、あるいは、知らないふりをし続けることになります。

問題があるなら、明らかにする方がいいに決まっています。問題のない会社など、この世の中に存在しません。「臭いものには蓋」という姿勢を貫くなら、問題は永久に解決しないのです。穿った見方をすれば、会社は、問題を先送りして、若い人のために「いい会社」につくり直す気がない、と見られてしまいます。

アンケートの実施には、自社の膿を出し切り、問題を解決しようとする強い覚悟が必要です。問題は一気に解決しません。長い時間がかかります。それでも、解決の方向に向かわないなら、一般社員は失望してしまいます。一般社員には、会社に問題があることなどとっくにわかっているからです。

今もうすでに、経営者や幹部が「裸の王さま」になっている可能性が高いのです。逆に言えば、中途半端にアンケートを実施しては、一般社員の期待を膨らませるだけ、社内に混乱を招きます。経営者や幹部の覚悟が試されます。

4. 社員力を高める仕組み化はあるか

社員力強化のための仕組み化を検討

企業が成長し社員数が増えるに連れ、効率性が求められます。マネジメントを効率的に行うには仕組みが必要です。会社の仕組みの構築と運用、すなわち、仕組み化がどうなっているのか、その現状を把握することから始めることが必要です。

行動環境を把握するためのアンケートと同じように、社員力を高める仕組み化の現状を把握するためにも、全社員から匿名でアンケートを取って、直接聴くといいと思います。仕組み化に関する質問項目とはどのようなものか、強くて愛される会社サーベイから一部を抽出し、例示してみましょう。

〈ストレッチに関する質問項目〉

① 社員が経営理念やビジョンの意味を理解し、共感できる仕組みがあるか
② 社員を育成するための工夫された仕組みがあるか
③ 自社の経営情報を社内に公開する仕組みがあるか
④ 経営理念・ビジョンを踏まえ、顧客視点から自律して仕事を進める仕組みがあるか
⑤ 人事評価の項目や判定基準は社内に公開されているか
⑥ 人財の採用に当たり、経営理念・ビジョンに合うかどうかを確認しているか
⑦ 健康的に働ける福利厚生の体制は整っているか

会社は、規模が拡大するに連れ、経営者の目が末端まで行き届き難くなります。また、末端の声が、なかなか経営者にまで届き難くなります。そこで、常に社員が働きやすく、公平に成長できる環境を提供したいなら、様々な工夫が必要になってきます。社員が不満を持たないためには、上記①〜⑦のようなことが実現できていればいいと思います。

会社としては、このくらいはできていると自負しているかもしれませんが、思い込みは大敵

です。やはり、常に、現状確認は必要と言えます。上記のようなアンケートによる実態調査は、非常に優れた解決策だと思います。

第五章

戦略は強いリーダーシップによって成功できる

1. 経営者は何を意識すればいいのか

会社は、〝真の稼ぐ力〟がなければ存続できない

最後に、本章では、どうすれば経営者や経営幹部の力を借りて池クジラ戦略を完成させることができるかを考えましょう。さらに補足すれば、池クジラ戦略を完成させた結果、いかにして「真の稼ぐ力」を身につけるかです。必要なものは、強いリーダーシップです。

ちなみに、真の稼ぐ力とは、社員が自律して、すなわち、自ら考えて判断して行動した結果、長期安定利益を生み出し続ける、会社としての力のことです。

会社は、結果（一般には「利益」）を出すことが求められており、経営者や経営幹部は結果に囚われます。利益をあげることができないなら、「廃業・倒産」という、経営者も経営幹部も大嫌いな言葉が頭をよぎるからです。

したがって、結果を出すため、経営者・経営幹部は社員を叱咤激励します。しかし、社員は、結果だけを求めて叱咤激励されると「ワーカホリック（過度に、一生懸命に、強迫的に働く傾向）」に陥ってしまう危険性があります。社員が、やらされ感いっぱいで働くなら幸せじゃありませ

ん。健康を害してしまうかもしれません。

あるいは、上からうるさく言われることで、素直な社員が頑張り過ぎて疲れ切ってしまい、「バーンアウト（燃え尽き症候群）」してしまう危険性もあります。最悪の場合、疲弊して、会社も仕事も嫌になり、退社する可能性もあるのです。

こんな経営者のもとで働く社員は悲劇です。

仕事は、厳しいのが当たり前です。なぜなら、顧客に喜んで仕事の対価を支払ってもらわなければならないからです。そのため、社員は、顧客の期待を超える成果を上げようと努力します。しかし、顧客によっては、わかっていながら「自分はお客だ」ということで横着な考えを持ち、無理な要望を出してくることがあります。当然、社員は苦しみます。

そうした無理は、どうしても聞いてあげなければならないケースもありますが、顧客とよく話せば、了解を得て、品質や納期を変更できるケースもあります。ただ、当然のことですが、いずれの場合も、顧客が求める結果を出さなければなりません。

ですから、自ら進んでやる仕事でなければ、社員にとってはどこまでいっても他人事で、他責にして責任回避するか、無理すれば、社員が辛いだけの仕事になります。この結果、顧客からクレームをもらうか、社員が心の病になってしまうかです。

こうした状況に陥ることを少しでも避けるのであれば、まず、会社として、できることはできる、できないことはできないと、顧客と対等の立場で交渉する必要があります。この対等の立場を実現するには強い商品力が要ります。そして、強い商品力のためには、池クジラが必要なのです。その上で、社員が自ら進んで仕事のオーナーになることができる行動環境を整備しなければならないのです。

顧客にとって、ほかでは得られない、どうしても必要な商品・サービスを、会社として提供できているなら、顧客も我慢します。そうなれば、顧客と対等に話ができるはずです。

もし、池クジラができておらず、したがって商品力が弱く、会社が顧客と対等に話ができなければ、忠実な社員であればあるほど仕事で苦しみ抜くことになります。あと、できることは、上司がうまくフォローしてあげることくらいです。あるいは、本人がコミュニケーション能力を向上させて、それこそ、顧客とうまく交渉するしかありません。どう考えても人を大切にする経営ができていない状態です。

人を大切にする「魂」を持つ経営者の願いは、社員には、ワーカホリックとは正反対の、「ワーク・エンゲイジメント」の状態で仕事に取り組んでほしいということです。ワーク・エンゲイジメントとは、仕事から活力を得て輝き、熱意に溢れ、没頭している状態のことです。

こうした状態であれば、社員は、自律して輝き、面白く、かつ、楽しく仕事ができます。仕事には、常にやりがいを持って取り組み、自信と誇りを持って臨むことができます。社員を大切にしたいと思う、会社に関係する誰もがこのように願い、社員力を高めたいと考えているはずです。

“真の稼ぐ力”は経営者のマインドが決め手

経営者が利益という結果にこだわり過ぎるのは、根底にあるマインドに問題があるケースが多いのかもしれません。例えば、

① 経営者がマネーメイクしか考えておらず、経営理念を持っていない
② 経営者の、会社を大きくしたいという思いが余りにも強すぎる
③ 経営者に心の余裕がなく、赤字からの脱却以外考えることができない

というようなケースです。

この場合、経営者・幹部は、残念ですが、社員を「儲けるための道具」として扱っているように周りからは見られてしまうでしょう。経営者がそんな風には考えていなくても、状況証拠的にそのように臆測されてしまいます。当然、多くの社員もそのように感じてしまいます。

こんなことでは、仮に会社が結果を出したとしても長続きしません。経営に携わる者として、

社員をワーカホリックに陥れてまでして目先の結果を追っていたのでは、経営者として誇れるものは何もないのではないでしょうか。そして、いずれ、事業は失敗に終わるのではないでしょうか。会社として真の稼ぐ力を築いていないからです。

このケースでどこに問題があるかと言えば、経営に携わる人間の、「『会社は何のためにあるのか』『社員は何のために働くのか』に対する心の底からの思い」を形にした経営理念がないこと、あるいは、経営理念が形骸化してしまっていることにあります。

理念経営に本気になって取り組むことが、人を大切にする経営を進める上で、ベストの選択なのです。

以下に、マネーメイクに囚われすぎて失敗し、そこから経営理念の大切さに目覚めた経営者の事例を紹介します。

茨城県古河市に、和風ファミリーレストランを展開する株式会社坂東太郎という会社があります。同社は、「親孝行【人間大好き】を実践します」を企業理念とし、今では茨城、群馬、栃木など北関東を中心に直営店八〇店、FC四店の合計八四店舗を展開するまでに成長発展しています。

しかし、同社の創業者の青谷洋治会長は、社員や家族の幸せのために商売をやってきましたが、当初、周りからは、会社を大きくしたいという虚栄心の塊の人物だと見られていました。

事実、一九七五年に創業する際、同氏が目指していたのは、「いずれは一〇〇店舗・売上一〇〇億円、日本一のレストラン」という規模拡大だけでした。

青谷氏は、売り上げが大きく店舗数が多いことが良い会社であり、成功の証だと信じていました。会社が大きければ、絶対に潰れることはないと考えていたのです。

あるとき、それが間違いということに気づかされる出来事が起こりました。会社は自分自身が描く、潰れない大きな会社へと前進していたにもかかわらず、離職者が続出しました。離職者は全社員の三分の一にまで達し、労務倒産も頭をよぎりました。しかも、離職者の多くが、入社歴が浅い社員ではなく、四～五年経過した、中堅のバリバリの戦力となっていた社員たちだったのです。

青谷氏は、絶対に潰れない大きな会社にするという目標が、果たして正しかったのかという、不安と疑念を抱くようになりました。

気づけば、毎日のように、亡き母の墓前へと通い続け、「おふくろ助けてくれ。多額の借金をして、漸く開店にまで漕ぎ着けた俺の店を何とかしたい。助けてくれ！」と、手を合わせ、祈り続けました。

亡き母の墓前に通い続けて数カ月経ったある朝、「働く人が幸せじゃないから辞めていくんだよ。働く人を幸せにすれば辞めないんだよ」と、母の声が、お墓の中からはっきり聞こえたのです。その言葉を聞いた途端、青谷氏の肩からすっと力が抜けていきました。

母の言葉がきっかけとなり、店舗を増やし、売り上げを増やすことにのみ目を奪われ、突っ走ってきた自分が間違っていたことに気づいたのです。その後、全社員を集め、「みんなのことを一生懸命考えていたつもりだったけれど、自分もまだ若く十分ではなかった。申し訳ない」「これからはひざを交えて、みんなの話をよく聴いて、仕事をしていきたい」と心から詫びました。

その後、青谷氏は、「会社の大きさとは何だろう。それは坂東太郎で働いて幸せを感じられる人をたくさんつくることではないだろうか。何千人、何万人の社員がいても、働いている人に不平不満が多かったら、それは本当の意味で大きい会社とは言えない。今後は、自分の考えを改め、社員一人ひとりの幸せを実現できる会社にしたい」「売り上げ一〇〇億円、一〇〇店舗などと数字だけを追い求めても、日本一とは言えない。幸せな社員がいてこそ日本一になれる。目指すは、幸せの日本一だ」「何よりも、いちばん身近な人を幸せにする。そのように変えていく必要がある」と考えるようになったのです。

青谷氏が、ベースに、人を大切にする「魂」を持っていたからこそ、理念経営に転換することができました。

会社は、結果を出さなければ存続できないことは確かですが、お金を稼ぐ目的だけのために社員を働かせていては、真の稼ぐ力は生まれないのです。社員が、「自分は何のために仕事をするのか」という仕事の意義を強く意識できるようにし、利益はその結果に過ぎないと自覚できるように持っていくことが、真の稼ぐ力をつけるための基本なのです。

仕事の意義を強く感じることは、決して簡単なことではありません。「この仕事はこういった意義のある仕事だ」と、自分が尊敬する経営者や経営幹部から何回も何十回も力強く語りかけられ、語り合って、ようやく、社員にそんな気持ちが芽生えるくらいだからです。経営者は、まず、人を大切にする「魂」を持つことが必要です。この魂が社員に伝わってはじめて、社員から信頼されます。その上で、何回も、何十回も、力強く社員に語りかけ、社員と語り合わなければならないのです。経営者が、社員に語りかけるこの内容、すなわち、仕事の意義を形にしたものが経営理念なのです。

このように、経営理念を中核に据える経営にシフトしなければ真の稼ぐ力は生まれず、理想の会社づくりのスタート台に立てないのです。

社員の〝ワーク・エンゲイジメント〟が先、利益は結果

ワーク・エンゲイジメントとは、社員の、仕事に対してポジティブで充実した心理状態のことです。この場合、社員は、持続的に活力がみなぎり、熱意にあふれ、仕事に没頭しています。

あくまで池クジラ戦略が前提になければ実現できないのですが、社員がいきいきと輝くワーク・エンゲイジメントの状態が続けば、結果は必ず出るはずです。これは、経営者の誰もが強く願っていることです。

ワーク・エンゲイジメントを実現させる経営者の頭の中には、次の二つがあります。

① 社会に価値を生み出そう
② 社員に働く目的を示そう

経営者にしてみれば、採用する社員は「同じ夢を実現する仲間」です。当然、採用する社員は仕事にポジティブです。こうであれば、会社が生み出す結果（利益）は長続きしますし、会社も繁栄し、社員も幸せになります。これからの時代、真の稼ぐ力をつけるには、この道しかないと確信します。

理念を大切にする経営者が、社員をどのように捉えているかに関する事例を紹介します。愛知県春日井市に、段ボール製造機械の設計、製造、販売並びに付帯する一切の業務を行う株式会社ＩＳＯＷＡという会社があります。理念経営を実践している日本の代表的企業です。同社は、「世界一社風のいい会社を目指そう」というビジョンのもと、社員が中心となって、風土改革を進めています。

磯輪英之社長は、新卒採用に力を入れてきました。採用に際して強く意識しているのは、『ビジョナリー・カンパニー』などの著者として知られるアメリカのコンサルタント、ジム・コリンズの「誰をバスに乗せるのか」という言葉です。

偉大な企業へ飛躍をもたらした経営者は、「はじめにバスの目的地（ビジョン）を決め、その後に、そのバスに誰（社員）を乗せるか」を考えたわけではありません。はじめに適切な人（社員）をバスに乗せ、不適切な人をバスから降ろし、その後、バスをどこ（ビジョン）に向かわせるべきかを決めています。

「このバスでどこに行くべきかはわからない。しかし、わかっていることがある。適切な人がバスに乗り、適切な人がそれぞれふさわしい席につき、不適切な人がバスから降りれば、素晴らしい場所に行く方法を決められるはずだ」

とコリンズは言っています。

それを踏まえて磯輪氏は、

「より良い学生を採用するためには、乗る人を選べる会社になるしかない。まずは、学生から乗りたいと思ってもらえる会社になる。『誰と』が先で、『何を』は後だ」

と言っています。

そこで、同社は、風土改革に取り組んできました。そして、経営理念に心底共感してくれる社員を増やし、共感した社員が同じく共感する学生を呼び込むような会社へと、同社の共感の積分値を高めています。これにより、時間はかかるかもしれませんが、いずれ、最初から理念に心底共感してくれる社員たちで、バスがいっぱいになるに違いありません。

2. 自律した社員は目的・目標を共有する

経営理念・ビジョンは社員の心に届いているか

会社は、やはり経営者次第というところがあります。経営者がリーダーシップを発揮しないと、社員の力だけではなかなか強くて愛される会社になれないからです。また、池クジラ戦略にしても、経営者のリーダーシップがあるかないかによって、ビジネスモデルをどこまで突き詰めることができ、池クジラを完成にまで持ち込めるかが決まります。経営者が強い思いで池クジラのビジネスモデルを突き詰め、完成させることが大切です。経営者のリーダーシップ次第で、間違いなく結果に大きな差が生まれるのです。

経営者のリーダーシップの一つ目は、「経営理念とビジョン」です。経営理念なくして、社員の目を輝かすことはできません。すでに見たように、経営理念は、社員の仕事に対する使命感を育んでくれます。会社を、給料のためだけに働く集団にするのか、使命感を持って働く集団にしたいのか、経営理念の浸透次第でどんな会社になるかが決まります。

経営理念では、社員が「人生をかけて何を実現したいか」「世の中にどのような価値を生み出したいか」を明らかにします。さらに、「社員は何のために働くか」と、働く目的も明らかにします。

このように、経営理念に経営者自身の人生を埋め込めば、魂のこもった経営理念ができあがります。以前からあった先代の経営理念を自分の代でもそのまま使う場合、その経営理念を、真に自分自身のものとする必要があります。経営者は、会社を愛してくれる社員の人生に責任を持つという強い覚悟を抱いて、経営に臨む必要があるからです。

経営者が経営理念を自分のものにできれば、ようやく「強くて愛される会社」のスタート台に立つことができます。これに続き、経営理念を受けて、会社は世の中にどのような価値を生み出すかを具体的なビジョンとして示します。その上で、社員たちに、何回も、何十回も、経営理念とビジョンを語りかけ、共鳴共感を得るのです。

そして、もし、社員たちと一緒に、経営理念・ビジョンを作ることができれば、さらに強くてたくましい使命感が生まれるかもしれません。

さて、経営理念・ビジョンがどの程度幹部や一般社員に浸透しているか、経営者は常に把握しておかなければなりません。幹部や一般社員の本音を把握しておかないと、知らないうちに裸の王さまになってしまいます。

経営理念・ビジョン浸透の現状を把握するためにも、全社員にアンケートを取った方がいいのではないかとすでに提案しました。その際に掲げた、経営理念・ビジョンの浸透に関する質問項目に加え、経営者の姿勢に関する以下の質問項目もアンケートに加えるといいと思います。幹部・一般社員からの率直な意見は、経営者が内省するに際して大変貴重なものです。

〈経営者の姿勢に関する質問項目〉

① 経営者は、常に自己責任の姿勢で行動している
② 経営者は、経営にかける覚悟を持っている
③ 経営者は、誠実かつ公正であり、倫理的である
④ 経営者は、経営実践に必要な学習を熱心に行っている

今こそ、コペルニクス的大転換を

経営理念・ビジョンの浸透を通して、本書が経営者に期待するリーダーシップとは、意思決

図表10　経営のコペルニクス的大転換

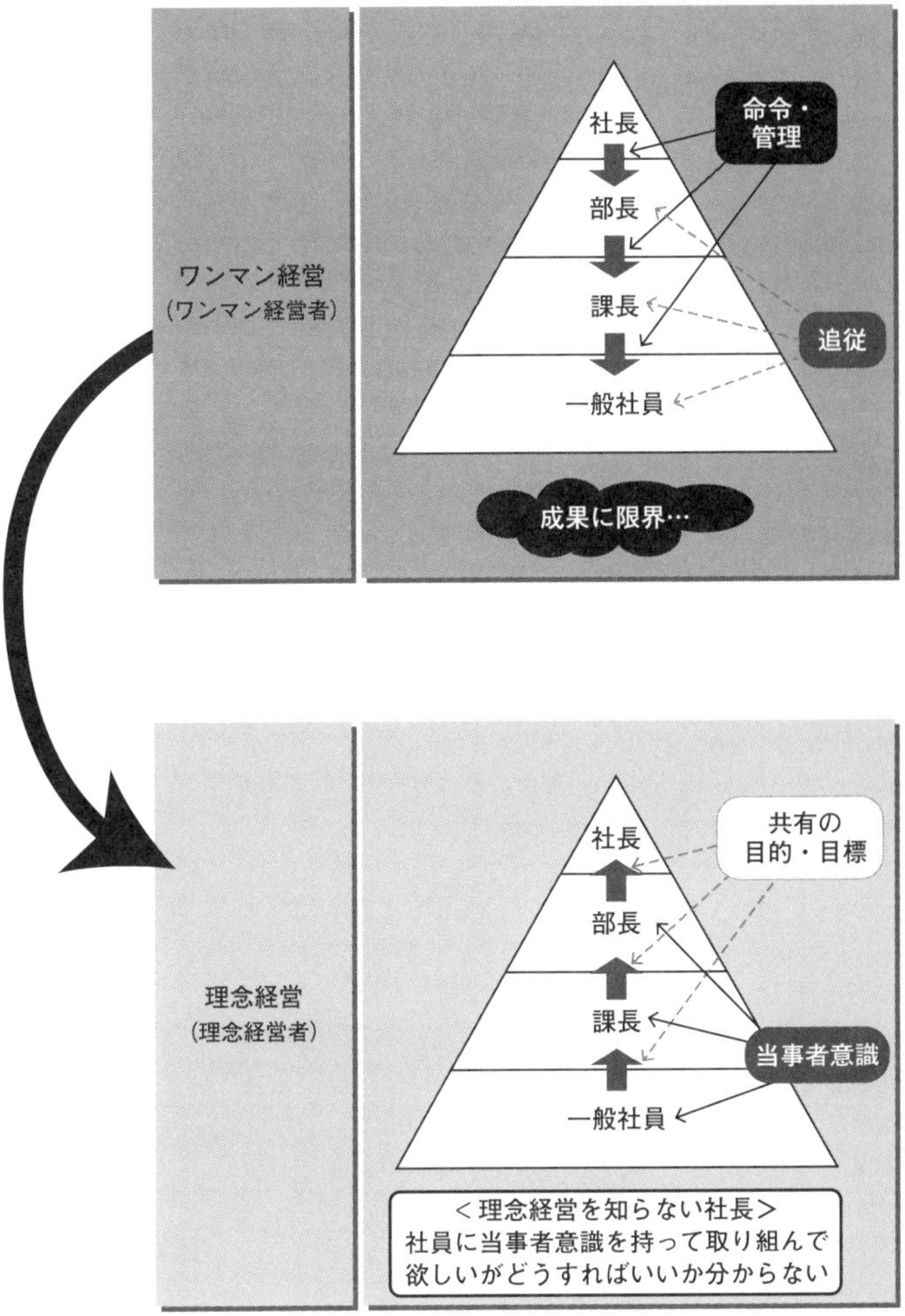

定のすべてを経営者に依存するワンマン経営ではありません。すでに述べてきたように、社員が自律的に、すなわち、自ら考えて判断して行動する結果、長期安定利益が生まれる事業構造に持っていくことです。

あえて言えば、ボトムアップ的に、あるいは、ミドルアップダウン的に、社員の主体性に依存する経営への転換です。ボトムアップとは、全社員が主体性を発揮することで顧客を深く喜ばせることができる経営です。ミドルアップダウンとは、少し規模の大きな中堅企業で、ミドルの主体性に大きく依存するとともに、ミドルがその部下と上手にチームワークを組むことによって顧客を深く喜ばせる経営です。

従来のトップダウンに慣れ親しんできた会社にとっては、天動説から地動説に転換するコペルニクス的、革命的な大転換です。この大転換は、経営理念・ビジョンなくして実現できません。ボトムアップであろうとミドルアップダウンであろうと、社員が、経営理念・ビジョンに沿って考えて判断していれば、その社員は、経営者からも幹部からも、その他誰からも責められることはないという、心理的な安心感の上に成り立つ経営なのです。

それでは、次に、理念経営者の経営理念を通してのリーダーシップに関する事例を紹介しましょう。

大阪府大阪市に、業務用資材、販促用品、ラッピング用品、ギフト用品の企画制作・販売を行う株式会社ヘッズという会社があります。同社の暮松邦一社長は、ある出来事をきっかけに社是（経営理念）を変えた苦い経験を持っています。

もともとヘッズの社是は「感動創造企業」でした。ところが、今は「幸せ制作会社」となっています。表面的な言葉だけでは、「いったいどこがどう違うのか」ほとんど見分けがつきません。今でこそ、同社は社是に沿った理念経営を進めていますが、はじめから実現できていたわけではなかったのです。

創業以来、業績は堅調に推移していましたが、暮松氏は、会社の成長期に、売り上げだけを追いかけて、社員の幸せを考えていないように受け取られていました。そのため、せっかく入社してくれた社員の定着率が悪く、あるとき、三割の社員が、ほぼ同時に辞めていったのです。

「これでは会社を永続させることができない」と、暮松氏は強い危機感を抱きます。

そこで、自分たち一人ひとりが寄って立つ土台がないと良い会社はつくれないということに気づき、暮松氏自身の魂を込め、社是の見直しに着手します。「このままではいけない。会社の目的は何か」と目的を再定義し、現在の社是にたどり着いたのです。

ヘッズは単に社是の表現だけを変えたのではありません。新しい社是を打ち立ててから、それを浸透させるため、毎月、全社員と一緒に暮松氏自身も、経営理念の勉強会を続けました。毎回、「仕事を通じて得られる幸せとは何か」といったテーマについて話し合い、全社員の頭にも身体にもそうした思いを浸透させていきました。経営者が、ベースに、人を大切にする「魂」を持っていたからこそ、理念経営を実現することができたのです。

「社員の幸せが会社と関わる人の幸せにつながり、結果として必要とされ、成長する会社になる」

社是を裏づける、会社の目的をこのように決めてから、三年という長い時間がかかりましたが、会社の組織風土は良い方向に変わっていきました。

3. 付加価値を高め、値決めする

〝値決めの主導権〟は稼ぐ力の必須要件

経営者が、自立した企業でありたいのであれば、ビジネスモデルを考える上でもっとも大切なことがあります。それは、自社で「値決めの主導権」を持つということです。

商品・サービスの価格を決め、その価格を超えるような価値を生み出し続けることが事業の基本であり、いちばんの醍醐味である以上、値決めを自社で行うことは自立している企業としての大原則です。

図表11　値決めの主導権

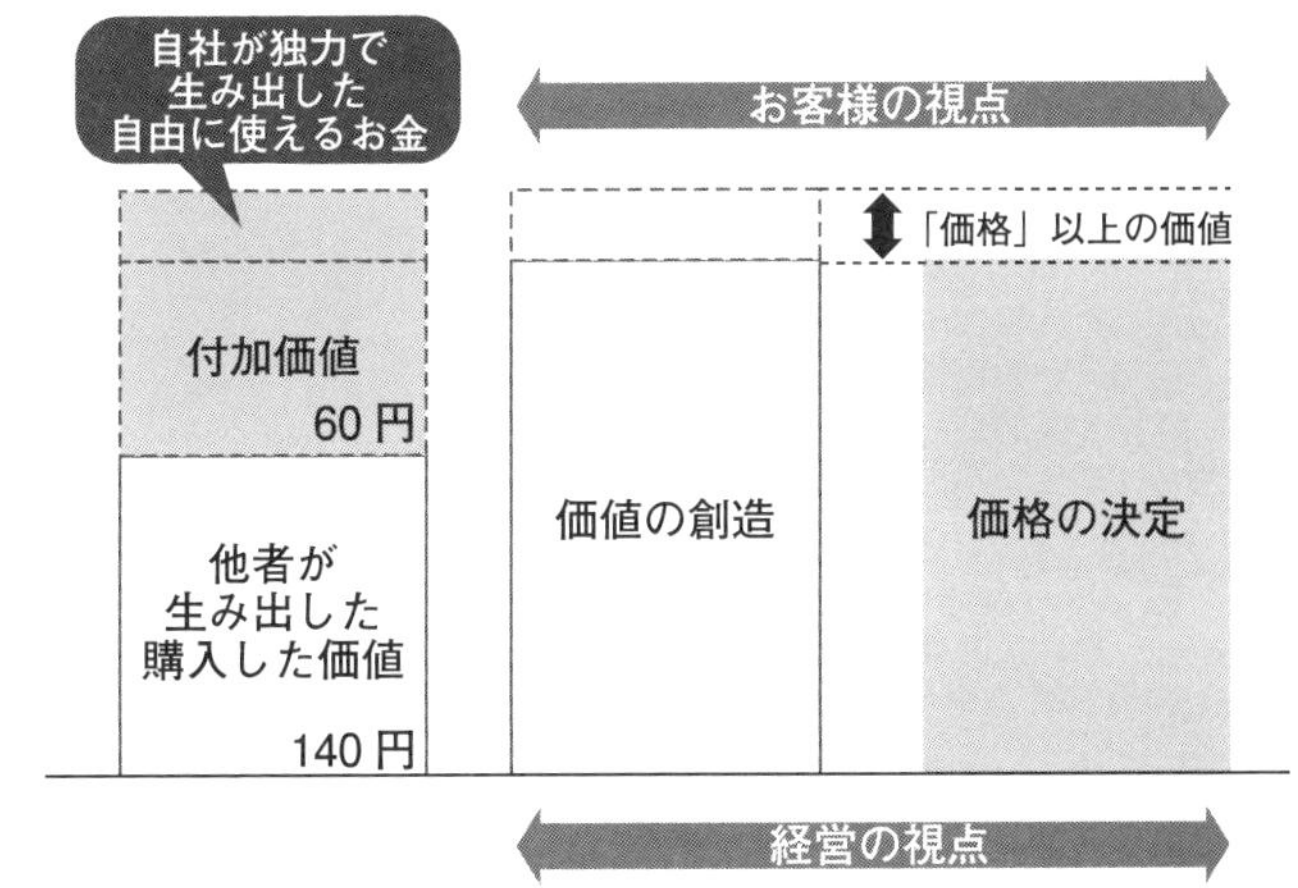

一方で、値決めをした結果、値引きしないと売れないなら、それは商品力に問題があります。商品に、その価格にふさわしい魅力的な価値がないということだからです。商品の価値が価格を上回り続ける努力を重ねることなく、顧客に言われるまま値引いていたのでは、会社を永続させることはできません。

そもそも、なぜ、顧客からこちらが求めるお金をもらえるのかと言えば、顧客が、商品・サービスの価値が価格に見合う、あるいは、価格以上の価値があると認めてくれるからです。この微妙な顧客との心のやり取りの上に成り立つ値決めは、経営そのものです。

自社の商品・サービスが池クジラなら、顧客に対してほかにない価値を生み出しているわけで、自社が値決めの主導権を行使しても、その商品・サービスに深く満足していただける顧客には、喜んで適正価格を支払ってもらえます。

経営危機に際して、経営者が、従来の商品・サービスに新たな価値を付加して、顧客に深く喜んでもらうとともに、値決めの主導権を行使した結果、その危機を乗り切ることができた事例を紹介します。

東京都町田市に、家庭用電化製品の販売等を行う株式会社ヤマグチという会社があります。ヤマグチの山口勉社長は、一九六五年、二三歳のときに、街の電気屋さんとして創業しました。三〇年間順調に会社を伸ばしてきましたが、一九九六〜九八年にかけて町田に六店の家電量販店が突如参入してきたのです。粗利率を一〇％も引き下げ、圧倒的な安売りを始めたため、同社は立ちどころに危機的状況に陥りました。

三年近く眠れぬ夜を過ごした山口氏は、唯一生き残る道として、町田市周辺地域の高齢者向けに、家電製品に「御用聞きサービス」を付加することを決意しました。その上で、顧客の数を三分の一に減らして、対象顧客を、家電の「買い物弱者」と言われていた地域の一万一〇〇〇世帯のお年寄りに絞ったのです。

山口氏は、一九九八年から、顧客に向けて「本当に困ったときに気軽に何でも頼める、御用聞きサービス（裏サービス）」を始めたのです。こうしたサービスを付加する分、家電製品を高く買ってもらうつもりでした。価格を主導して、粗利益率を毎年一%ずつ引き上げ、一〇年間で二五%から三五%の粗利率に持っていく計画でした。

顧客が留守のとき、新聞や手紙を預かったり、花の水やりをしたり、社員が泊まってあげたりしました。また、雨戸の建付けや家具の配置変え、家具の修理、さらに入院中の飼い犬の世話など、まさに「向こう三軒両隣」の助け合いを社員たちが行いました。

その結果、予定より早い七年で、粗利益率を三五%にまで引き上げることに成功したのです。驚いたのは「高いものほどヤマグチで買う」という顧客が増えたことでした。

山口氏は「量販店の進出がなければ、粗利を上げる方針に転換できず、潰れていたかもしれない。量販店が進出してくれたお陰で高売りを始めるきっかけをつかめた」と語っています。顧客は「他店より高くても、困ったときにすぐにトンデきてくれる。だからヤマグチさんでお世話になりたい」と、ヤマグチを支持する理由を教えてくれます。

一般に、縮小経済で生き残りをかけて戦う道は、同業他社から顧客を奪取するか、新事業に参入するか、海外市場へ進出するかしかないと考えがちです。そうした中、同社は、顧客との日常の綿密なコミュニケーションやきめ細かなサービスから、顧客が持つ「潜在ニーズ」を掘り起こせば、自社の商品・サービスを、引き続き買い続けてもらえる道が生まれることを教えてくれています。

“付加価値”を高める努力をしているか

経営者は、売り上げがいちばん気になります。幹部や一般社員にしてみても、同じように売り上げが気になります。確かに、売り上げが増えれば、経営者も社員も元気になれます。したがって、ついつい売り上げを、全社を挙げて追求してしまいがちです。

しかし、売り上げに振り回されてはいけないのです。場合によっては、売り上げが下がってもいいと考えなければならない場面があります。なぜかと言えば、売り上げを最優先していたのでは、大事な経営判断を間違えてしまう可能性があるからです。売り上げを追い過ぎて、利益の上がらない仕事まで請けてしまったり、利益を無視して値引きしてしまったり、自立性を失って外部に振り回されてしまっていいのでしょうか。

社員が一生懸命頑張ってやり遂げた仕事が、社員の血と汗と涙の結晶であるにもかかわらず、そこから獲得すべき大切な利益をないがしろにして、薄利多売を追求してしまっていいのでしょうか。

売り上げを二の次に考えるためには、「売り上げは『自分の会社はこんなに大きい！』と虚栄心を満足させるものに過ぎない」と割り切ればいいと思います。この場合、問題は売り上げではなくその中身です。企業の使命は価値の創造です。売り上げの中身に相当するものを「付加価値」と呼びます。これは、自社が世の中に生み出す価値を会計的に表現したものであり、

図表12　付加価値とは？

〈青森のリンゴ〉

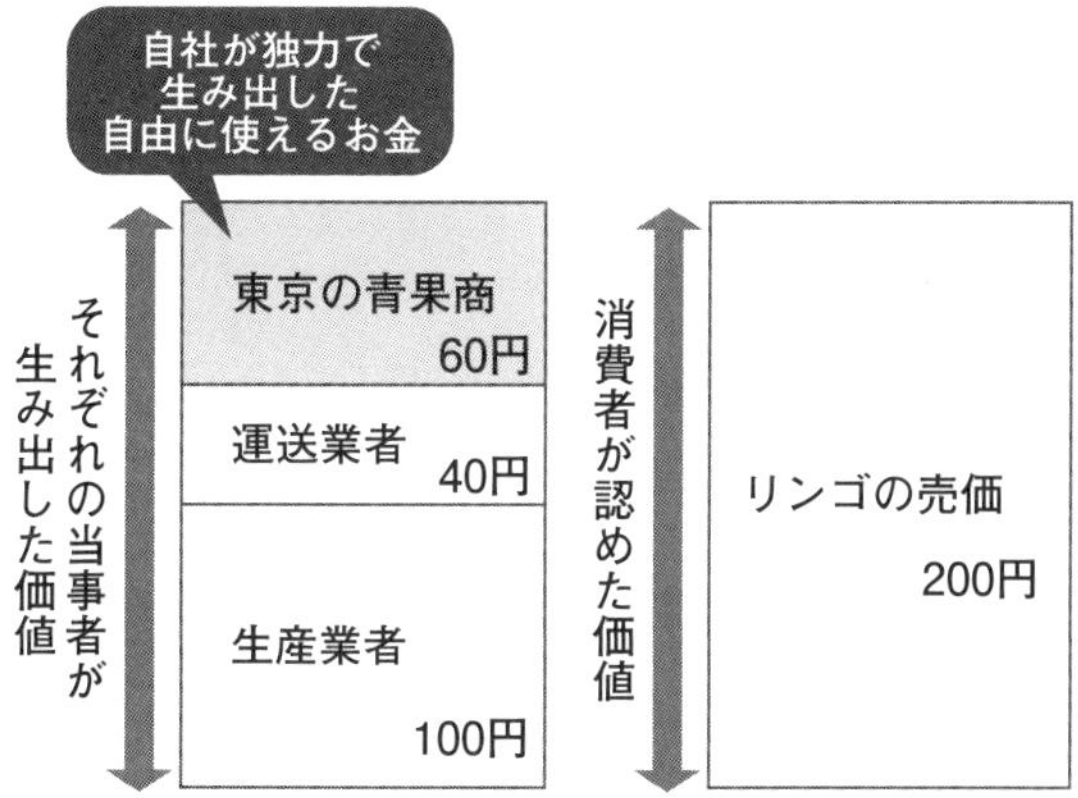

卸業・小売業で言えば粗利益に相当します。

業界の非常識に挑戦し、社会的課題の解決を行うことが池クジラ戦略でした。池クジラ戦略は、売り上げではなく、付加価値に重きを置く考え方です。売り上げよりも圧倒的に大切なものが、自社が生み出した付加価値なのです。それでは、付加価値をさらに深く理解してもらうために、以下に、東京の青果商の事例を紹介しましょう。

東京の青果商のビジネスモデルが、青森の生産業者のリンゴの生産付加価値（仕入れ値一〇〇円）に、運送業者の輸送付加価値（運送コスト四〇円）を加え、東京都内にある自社の店頭で二〇〇円で消費者に販売するものだったとします。

この場合、リンゴの総付加価値は、顧客に

喜んで買っていただける二〇〇円ということになりますが、うち、一〇〇円と四〇円の合計一四〇円は、他者が生み出した付加価値であり、青果商自身が生み出した付加価値は残りの六〇円です。

この青果商が自分自身で生み出した六〇円という付加価値は、青森の生産業者が生産したリンゴを運送業者に運ばせ、東京の自社の店頭で東京の消費者に売るという事業企画を実行して得たものです。この六〇円という付加価値は、自社にとって自由に使うことができる、いちばん大切なものです。

顧客が潜在的に求めている大きな総付加価値（売り上げ）を創造することが事業の醍醐味です。顧客にとっての総付加価値はどうすれば創り出せるのか、さらに顧客を深く満足させるにはどうすればいいのか。そのために、「同業他社がやらない、やろうとしない、やりたくてもやれない」社会的な課題の解決を、会社は精魂込めて考えます。

その結果、池クジラのビジネスモデルを築くことに成功し、顧客が喜ぶ商品・サービスを顧客に提供できるようになったとします。この場合、自社の付加価値の絶対額も、総付加価値に占める自社の付加価値の割合も、ともに大きくなり高付加価値になります。

こうして生み出された高付加価値は、値決めの主導権と大いに関係してきます。先に述べた通り、昔から「いいものを安く」という考えが日本にありましたが、どう考えても、いいものが安いはずがありません。いいものが安いということであれば、どこかで誰かが犠牲になることでその安さがもたらされていると考えるのが自然です。このような犠牲を前提とした状態が長続きするはずがありません。

むしろ世の中から求められている、顧客にとって喉から手が出るほど欲しい高付加価値の「いいもの」は、安くする必要はなく、顧客が納得する適正価格を明確に打ち出すべきです。いいものとは高付加価値の商品であり、主導権を伴った値決めとは適正価格のことです。したがって、「いいものは適正価格」にすべきです。

経営者がそのように考えなければ、高い付加価値を生み出すために頑張ってくれた社員や取引先の苦労に、物心ともに報いることはできないのです。売り上げではなく、自社が苦労して生み出した商品・サービスの価値を、すなわち、付加価値を、顧客には正当に評価してもらう、という考え方に切り替えていくべきなのです。

4. 長期の視点からキャッシュフローを生み出す

“キャッシュフロー思考”は浸透しているか

「人や資産の、むやみな増加を抑え、知恵を振り絞って会社を伸ばす」こと、すなわち、「いかに小さな資本で、いかに大きなリターンを得るか」という考え方は、キャッシュフロー思考の神髄です。

こうした考え方を、自社の財務構造や財務行動のベースに組み込んでおかないと、また、そうした自社のキャッシュフローの状況を常に把握できるようにしておかないと、いかに立派な事業でも、長続きさせることができなくなります。

バランスシート上の資産を「財産（減らない、なくならない、なくならないもの）」と捉えない方がいいのです。資産というものは時とともに減価するものであり、将来の収益で回収すべきものと考えた方が無難です。

含み資産の増加を期待しすぎると、大きな資産を持つことに気持ちが傾いてしまいます。一九八〇年代のバブル期までは、こうした考え方が主流でした。成功するケースもあるでしょうが、縮小経済下ではリスクが高いと思います。

一定期間で回収できないような大きな資産を保有することは、大きなリスクを抱え込むことであり、できるだけ資産を持たない、身軽な経営がいいのです。「資産はリスク」なのです。

中堅中小企業の経営者が、会計に詳しくないために、結果的に間違った会計処理を許してしまい、バランスシートが実態を表していない会社はたくさんあります。これが間違った経営判断を生んでいます。

会社を清算する前提で、現金化できる資産がどれだけか、また現金で支払うべき負債がどれだけあるか、その結果、実態自己資本はどれだけになっているか、経営者・幹部は定期的に確認しておくべきでしょう。ちなみに、実態自己資本とは、会社の清算を前提に、資産・負債を再計算した自己資本のことです。

また、世の経営者の多くは借入金に慣れきっています。したがって、借入金を減らそうという執念を持たない経営者が大勢います。借入金の怖さを知らないのでしょう。

また、かなり優れた財務内容を持つ会社の経営者は、無借金になった途端に安心してしまいます。無借金になった後、経営目標を失い、どうすればいいかわからなくなってしまうようです。

実は、無借金になった瞬間、スタート台に立っているのです。その後は、仮に外部環境が変化して売り上げがゼロになったとしても、何年間、社員に給与を支払い続けることができるか、それだけの現金預金を積み上げることを次の経営目標にするといいのです。

そんな経営目標を立てる、驚きの財務内容を持つ会社が、割合は少ないのですが、相当数、世の中には存在しています。

〝キャッシュフロー思考〟は経営の神髄

以下に、キャッシュフロー思考の事例を二つご紹介しましょう。

一つ目は、先に紹介したメーカーズシャツ鎌倉です。同社は「驚くほど上質なシャツを低価格で販売する」というポリシーを高らかに掲げています。そのローコスト・オペレーションを可能にしたのが、「工場資産」も「社員」も膨らませることなく、製造から販売まで一貫して行うSPA（製造小売り）です。

同社は、小売りでありながら、製造業でもあるのです。流通ルートを中抜きでシンプル化し、生地生産者や縫製工場と直取引することにより、究極のSPAを構築しました。生地生産者や縫製工場に対しては、返品をなくし、高品質・低価格を実現させた結果、破格の安値の商品価格でも、利益を出せる仕組みを手に入れたのです。

図表13　メーカーズシャツ鎌倉のキャッシュフロー思考

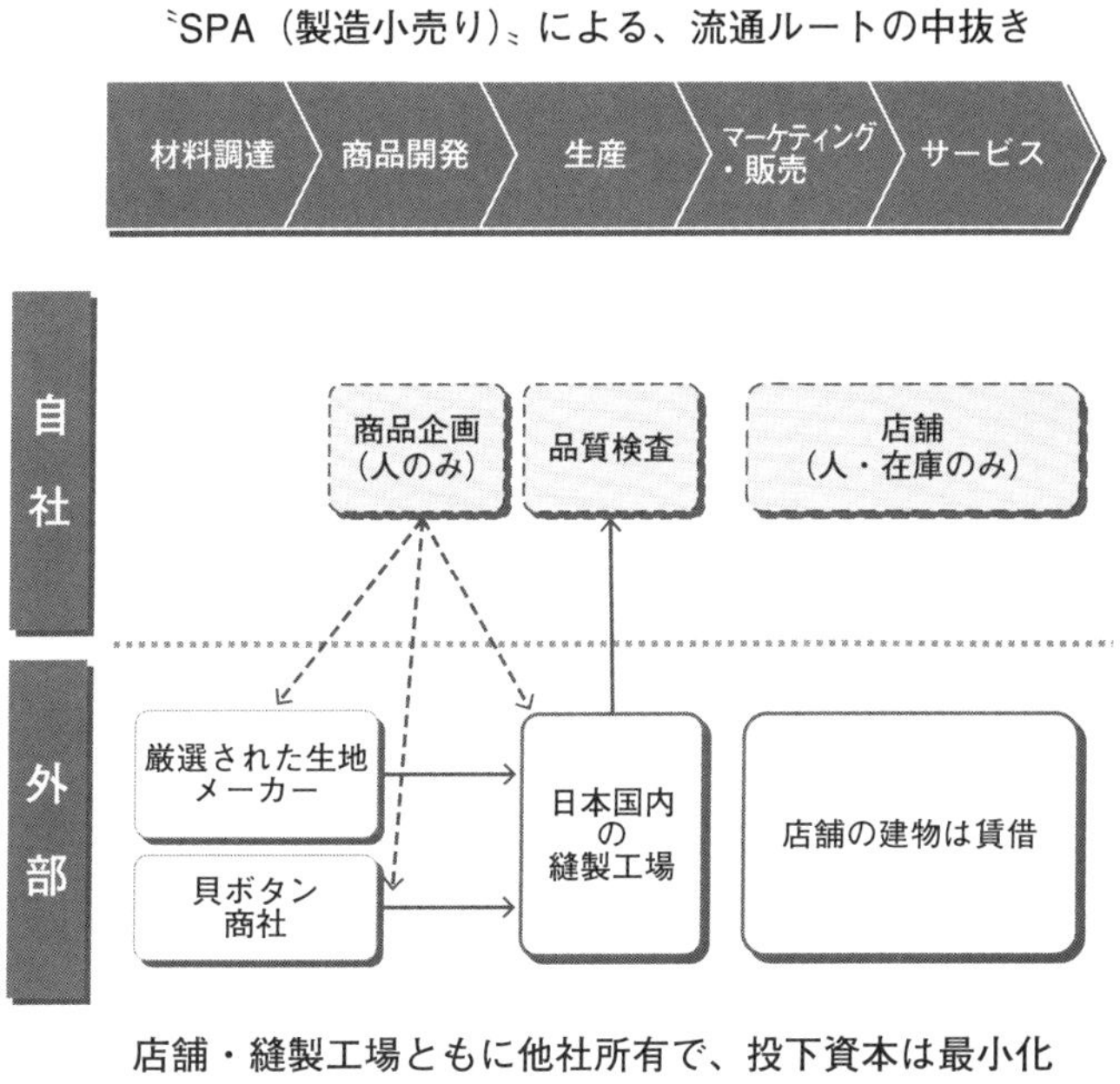

その結果、自前の工場は持っていません。したがって、一般的な製造業と比べると資産が圧倒的に少なく、バランスシートはずいぶん軽くなっているのです。

二つ目は、大阪府大阪市に本社を置き、国内主要都市はもちろん海外にもホテルを展開している株式会社スーパーホテルです。同社は二〇二〇年現在、国内外に一五八店舗（国内一五六店舗、海外二店舗）のホテルチェーンを展開していますが、その展開方法には、大きな特徴があります。

図表14　スーパーホテルのキャッシュフロー思考

人財が資産で、可能な限り〝持たざる経営〟

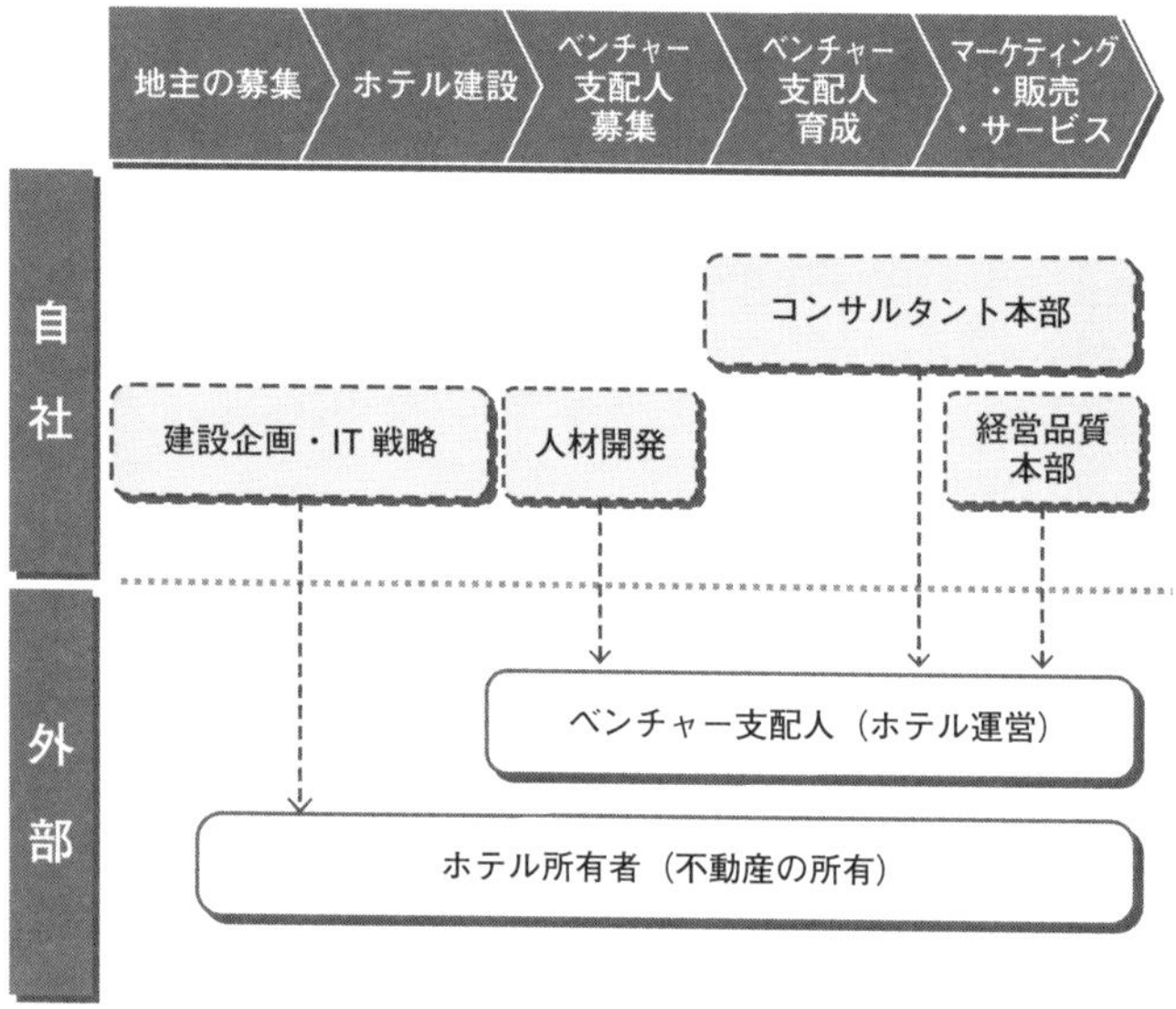

人財以外、投下資本は最小化

一つ目の特徴は、ホテルの多くが、将来、独立・開業を目指す人たちによる業務委託で運営されていることです。この制度では、異業種からの未経験者でも、四年間の業務委託契約により、ビジネスホテルの支配人業務を通して、経営者としての経験を積むことができます。本社には数十名のコンサルタントのほか、手厚い支配人サポート体制があり、業務委託を受けながら経営ノウハウを身に付けることができます。

このベンチャー支配人制度

は、二〇二〇年時点で、一五八店舗中七〇％に当たる一一一店舗に適用されています。支配人に応募してくる人たちは、男女ペア一組（夫婦、カップル）であり、四年間の業務委託契約を満了して卒業した方たちは、二五〇組以上となっています。

このように、業務委託店舗が、スーパーホテルの社員ではない個人事業主によって運営されている事業構造には、大いに注目すべきです。このお蔭で、社員数は、同社が運営しているホテル数と比較して圧倒的に少ないのです。

スーパーホテルには、もう一つの特徴があります。それは、業務委託店舗の建物も自社所有ではないという点です。自社保有ではない建物は、二〇～三〇年の長期にわたる建物一括賃借方式を活用して、地主さんから借りているのです。

ホテルのサイズは、一〇〇室前後の小規模ホテルに特化していますが、この方式により、自社の資産が巨額に膨れ上がることを抑えることができています。

直近、社員数三〇三名（二〇二〇年一〇月）、総資産三五四億円（二〇二〇年三月）ながら、売上は三四二億円（二〇一九年三月）です。売上と総資産がほぼ同額というのは、ホテル業界ではあり得ない健全な財務構造です。

ホテル業界では、直営店舗かＦＣ展開がセオリーとされている中、同社は、業界ナンバーワンのサービスを提供しつつ、業界の非常識に挑戦し、「資産や社員」の増加を抑えながら成長

図表15　戦略経費・戦略投資

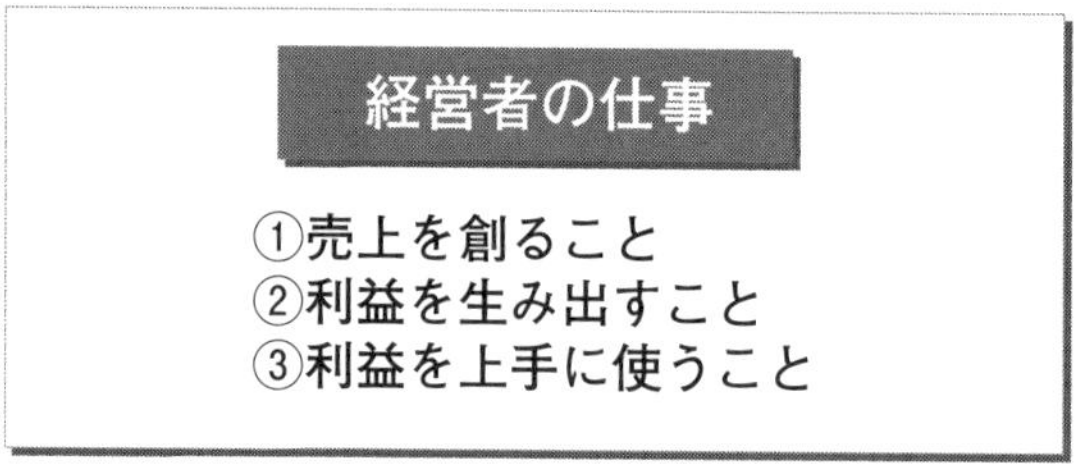

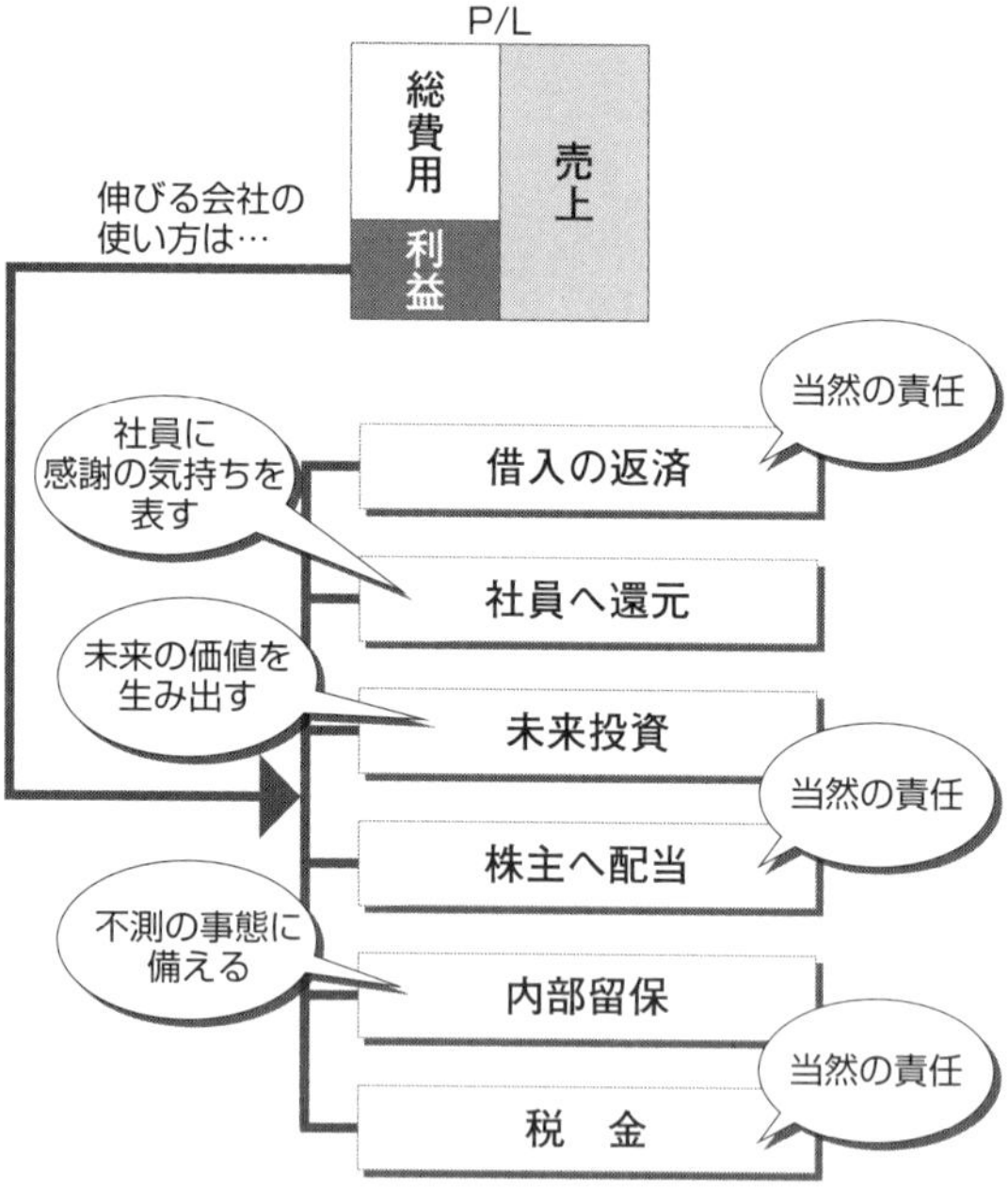

することに成功しました。

ベンチャー支配人制度と建物一括賃借方式がなければ、社員数も総資産もともに、数倍に膨れ上がっていたに違いありません。持たざる経営で、有事に対するリスクを引き下げるこの考え方こそ、経営者が持つべきキャッシュフロー思考のお手本と言えます。

未来経費思考を実践しているか

経営を取り巻く環境は、日々刻々、変化していきます。経営者は、どのような環境下においても、自社の商品・サービスを、世の中から受け入れてもらえるようにしておく必要があります。まして、今のような縮小経済下においては、ことさら重要です。

新しい商品・サービスを開発したり、今現在の商品・サービスを革新し続けなければなりません。常日頃からそのような準備をしておかないと、会社を存続させることができなくなる日が、ある日突然、訪れるかもしれないのです。

そのためには、お金を溜め込んでいるだけでは駄目なのです。将来、顧客が求める価値を生み出すために、今から、研究開発など、継続的な事前準備をしておく必要があるのです。そのためには、数年後に花開くことを期待しての「未来費用や先行投資」を、今期の予算に組み込んでおく経営の仕組みが必要なのです。

図表16　伊那食品工業の商品開発

寒天という素材を「深耕」し、「寒天とはこういうものだ」という固定観念に囚われず、常に新しい用途を追求し、1000を超える商品を開発。

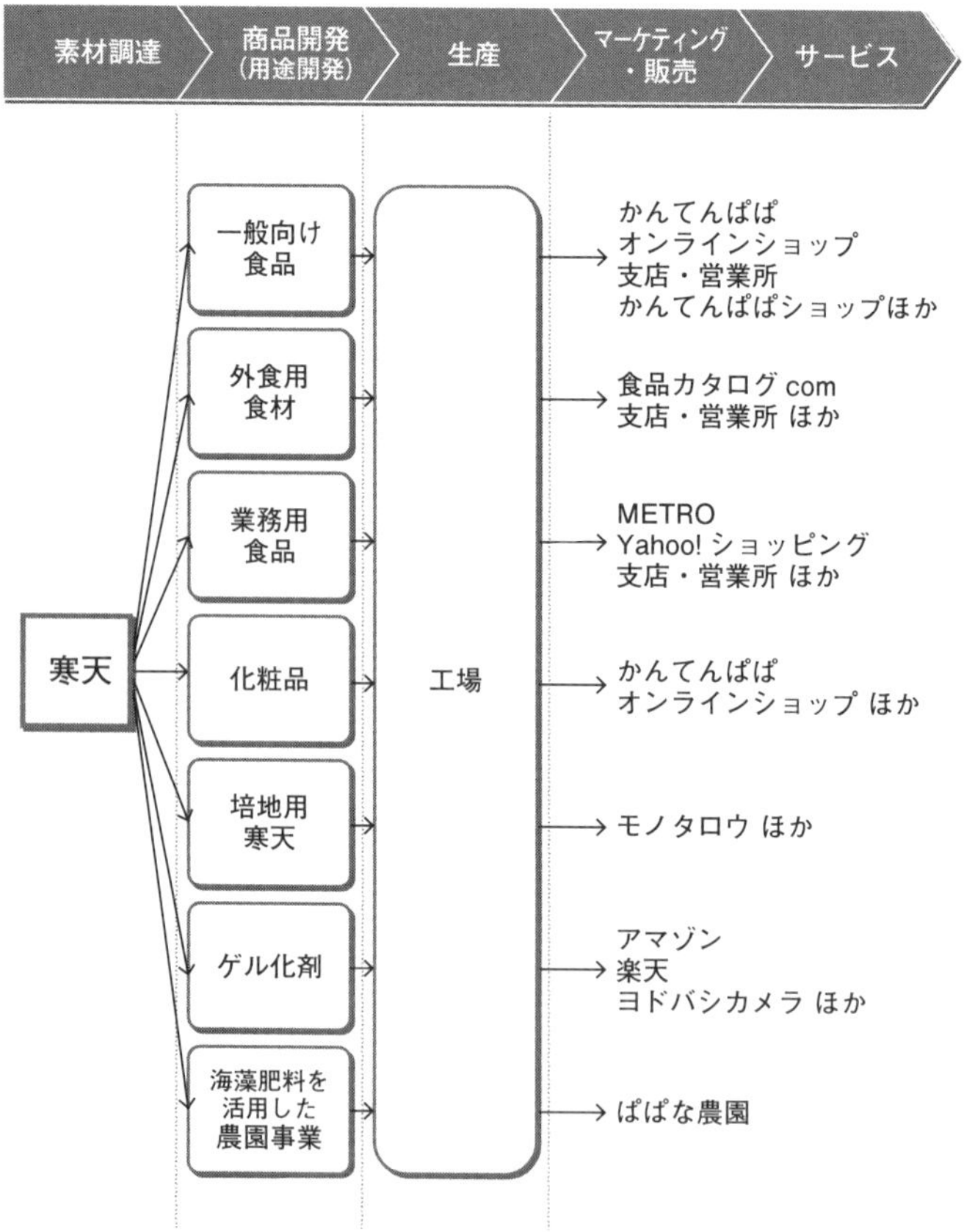

仮に、今、売り上げの二五%の利益を生み出していたとします。であれば、例えば、そのうちの一〇%を、将来のために、今、投資するという考え方を持つべきなのです。結果として、利益は一五%に下がります。でも、それでいいのです。この、一〇%を投資する資金を、「戦略経費・戦略投資」と呼びます。これが、将来の価値創造に向け、今から資金投下しておく、会社を永続させる考え方なのです。

それでは以下に、戦略経費・戦略投資に関する事例を紹介しましょう。

先に紹介した伊那食品工業です。同社は、寒天を産業財化して、その用途開発に取り組むビジネスモデルを展開することを決めました。そこで用途開発のために、研究開発部門を社内に設置したのです。

そして、常に全社員数の一〇%の人員を、研究開発部門に充て続けています。つまり、全社員の一〇%の人件費は、今期の収益にはつながらないことを覚悟の上で、事業を長期にわたって持続させるため、未来に投資し続けると決めているのです。

研究開発部門を設置したお蔭で、寒天という素材を使った新しい用途開発が継続できていほす。医薬品、バイオ産業向け製品、介護食など、次々と、まったく新しい市場に乗り出すことに成功し、長期にわたっての持続可能な成長が期待されています。

経営者は、今だけを見て経営しているだけでは不十分です。事業が順調に行こうが行くまいが、今の収益の中から余剰をひねり出すのです。そして、その余剰資金を、今、将来の価値を創造するための投資に充てるのです。

このような、長期の視点から経営することの大切さを心底思い知るには、伊那食品工業ほどふさわしい事例はありません。

おわりに

　ここ数十年だけでも、バブル崩壊、リーマン・ショック、東日本大震災、そして現在は、新型コロナウイルス感染拡大というような、想定外の環境変化が、私たちを襲って来ています。これは、避けて通ることができない現実です。多くの会社がこうした環境変化によって影響を受け、今もその影響下にあります。

　こうした環境下にもかかわらず、日ごろから、事業構造面で危機への備えを十分に検討してきたことから、影響を最小限に食い止め、社員もいきいきと働くことができている、多くの会社が世の中にあることを、本書を通して確認することができました。

　本書で紹介した二一社の池クジラ企業は、「強くて愛される会社研究所」の研究対象企業です。日ごろは、視察ツアーであったり、セミナーや対談であったり、メルマガであったり、今回のような書籍であったり、多大なるお力添えをいただいています。

　もちろん、今回、紙幅が足りないため、取り上げることができなかった会社が、二一社以外にも数多くあります。縮小する経済・業界にあっても、池クジラ戦略に取り組み、長期安定利益を獲得し続けている、まさにベンチマークすべき会社ばかりです。

　当研究所は、総合経営コンサルティングファーム、アタックスグループ（以下、アタックス）

の調査研究部門です。アタックスは、多くの中堅中小企業とは「長期的な絆」で結ばれ、単に会計税務サービスの提供にとどまらず、「社長の最良の相談相手」となり、クライアントの経営革新を支援する、「世の中になくてはならない経営インフラ」であることを最大の使命として活動しています。

当研究所は、長年にわたる、ベンチマーク企業に対する調査研究活動を通して「会社の業績と社員の働きがいを両立させ、かつ、有事に動じない会社」の共通点・法則を発見しています。今回、これを「アタックス実践経営理論」をベースにしながら再整理することができました。本書の内容が、読者の皆さまに、何らかの気づきを提供できていることを祈念しています。

最後に、本書の執筆には多くの方々にお世話になりました。執筆させていただいた各企業の皆さま、日ごろ、調査研究をお願いしている各企業の皆さまには、この場を借りて、厚くお礼申し上げます。

執筆に当たっては、当研究所長坂本洋介氏の豊富で正確な情報収集能力に大いに助けられました。氏の調査研究能力なくして、本書の完成はなかったと思います。この場を借りて、心からの感謝を込め厚くお礼申し上げます。

また、株式会社ビジネス社編集部の中澤直樹部長には、読者の視点からの、また、編集のプロとしての多くの鋭く的確なアドバイスをいただきました。氏のアドバイスがなければ、やはり本書が完成することはなかったと思います。厚くお礼申し上げます。

西浦道明

【参考・引用文献】

・『ワーク・エンゲイジメント ポジティブメンタルヘルスで活力ある毎日を』島津明人著（二〇一四年、労働調査会）
・『コトラーマーケティング・マネジメント―競争的戦略時代の発想と展開』フィリップ・コトラー著（一九八三年、プレジデント社）
・『競争しない競争戦略―消耗戦から脱する3つの選択』山田英夫著（二〇一五年、日本経済新聞出版）
・『統合マーケティング』嶋口充輝著（一九八六年、日本経済新聞出版）
・『経営者に贈る5つの質問』P・F・ドラッカー著（二〇〇九年、プレジデント社）
・『成長ドライバ理論による良い会社づくり研究のアプローチ』東渕則之著（二〇一七年、松山大学論集）
・『〔実践〕強い会社の「人を大切にする経営」』坂本光司・人を大切にする経営研究所著（二〇二〇年、PHP研究所）
・『日本でいちばん大切にしたい会社』坂本光司著（二〇〇八年、あさ出版）
・『人を大切にする経営学講義』坂本光司著（二〇一七年、PHP研究所）
・『変化にビクともしない「財務アタマ」経営』西浦道明著（二〇一四年、かんき出版）
・『社員にもお客様にも価値ある会社』西浦道明編著（二〇一三年、かんき出版）
・『小さな巨人企業を創りあげた社長の「気づき」と「決断」』西浦道明編著（二〇一五年、かんき出版）

■執筆協力者プロフィール

強くて愛される会社研究所

URL：https://strong-and-lovable.jp/
（愛知吉隆、坂本洋介、西浦美智子）
総合経営コンサルティングファーム、アタックスグループの調査研究部門。「働きがい」と「会社業績」を両立させているベンチマークすべき企業を「強くて愛される会社」と名付け、その企業を徹底調査し、そのエッセンスを研究して世の中に普及させ、1社でも多く、そうした会社を増やす活動を展開中。2015年9月より月1回、強くて愛される会社視察ツアーを定期開催する。参加者にベンチマーク企業の「あり方」を直感で感じてもらう日本唯一の研究会員制のクラブ。

坂本洋介（さかもと・ようすけ）

株式会社アタックス　強くて愛される会社研究所所長。経営学修士（MBA）。1977年生まれ。千葉商科大学大学院政策研究科博士課程満期退学。全国各地の「強くて愛される会社」を徹底調査し、そのエッセンスを研究し、世の中に普及させ、一社でも多くの「強くて愛される会社」を増やすための企業視察の企画等に取り組む。著書に『社員にもお客様にも価値ある会社』『小さな巨人企業を創りあげた 社長の「気づき」と「決断」』（以上、かんき出版）『〔実践〕強い会社の「人を大切にする経営」』（PHP研究所）など多数。

強くて愛される会社サーベイ

URL：https://strong-and-lovable.jp/survey
戦略面で強く、組織風土面で愛される結果、高い財務成果につながるプロセスを総合的に診断できるまったく新しい経営診断サービス。
（海野大、永田健二、沖篤志、鈴木有貴江）

●著者略歴
西浦道明（にしうら・みちあき）
強くて愛される会社研究所代表理事。
アタックスグループ代表パートナー、公認会計士・税理士。
人を大切にする経営学会副会長。中堅中小企業の様々な課題解決に対応し、「社長の最良の相談相手」として講演・セミナーに東奔西走している。
E-mail：m.nishiura@attax.co.jp
URL：https://www.attax.co.jp/

高収益企業の“池クジラ”戦略

2021年4月26日　第1刷発行

著　者　西浦道明
発行者　唐津　隆
発行所　株式会社ビジネス社
〒162-0805　東京都新宿区矢来町114番地
神楽坂高橋ビル5階
電話 03(5227)1602　FAX 03(5227)1603
http://www.business-sha.co.jp

カバー印刷・本文印刷・製本/半七写真印刷工業株式会社
〈カバーデザイン〉齋藤稔（株式会社ジーラム）
〈本文DTP〉茂呂田剛（エムアンドケイ）
〈編集担当〉中澤直樹　〈営業担当〉山口健志

ISBN978-4-8284-2276-3